U0723092

问道教育

张志勇 ——— 著

长江出版传媒 长江文艺出版社

图书在版编目（CIP）数据

问道教育 / 张志勇著. -- 武汉：长江文艺出版社，
2021.11（2022.12 重印）
（大教育书系）
ISBN 978-7-5702-1763-2

Ⅰ. ①问… Ⅱ. ①张… Ⅲ. ①教育－随笔－中国－文
集 Ⅳ. ①G52-53

中国版本图书馆 CIP 数据核字(2021)第 178781 号

问道教育
WENDAO JIAOYU

选题策划：秦文苑

责任编辑：马 蓓　　　　　　　　　责任校对：毛季慧
封面设计：柒拾叁号　　　　　　　　责任印制：邱 莉　王光兴

出版：长江出版传媒｜长江文艺出版社
地址：武汉市雄楚大街 268 号　　　邮编：430070
发行：长江文艺出版社
http://www.cjlap.com
印刷：湖北恒泰印务有限公司

开本：680 毫米×1000 毫米　　　1/16　　印张：17　　　　插页：1 页
版次：2021 年 11 月第 1 版　　　2022 年 12 月第 2 次印刷
字数：145 千字

定价：45.00 元

版权所有，盗版必究（举报电话：027—87679308　87679310）
（图书出现印装问题，本社负责调换）

代序言

离　别①

今天早晨 6 点多，我照例起来跑步。

果然，安宁是个好地方。

昨天晚上，我从昆明机场转往安宁。接待我的老师特别热情，说安宁植被覆盖率 50% 以上，空气的优良率 99% 以上，这里的温泉名扬天下，有"天下第一汤"之称。像她们这些年轻人从玉溪外出工作，首选的地方不是昆明，而是安宁。

在晨曦初露的安宁大街上慢跑，心中有一种从来没有过的清爽和宁静。

这次外出参加学术活动，是我以北京师范大学教授身份露面

---

① 1985 年 7 月大学毕业至今，我的人生道路可分为四个阶段，一是 1985 年 7 月至 2001 年 3 月，我在山东省教育科学研究所从事基础教育科研工作；二是 2001 年 3 月至 2002 年 1 月，我在山东省教育电视台短暂工作；三是 2001 年 1 月至 2019 年 10 月，我在山东省教育厅从事教育行政管理工作近 18 年；四是 2019 年 11 月开始，我正式调入北京师范大学工作。这篇《离别》算是我对山东这片故土，特别是对我挚爱的教育事业，我亲爱的领导、同事和成千上万的朋友的"告别"。没有想到，这篇《离别》一经发出，引起了广泛关注，一周内两上"今日头条"。感谢社会各界和各方朋友的关心，但引起所谓的"轰动"，绝非本人所愿，我内心更没有制造任何动静的想法。

的"处女行",心中隐隐有一种苦涩的情愫在流淌。这到底是一种什么样的感情？大脑中突然蹦出两个字："离别"。

几个月以来，尽管我不想面对，不愿去想这样一个日子，不愿意接受朋友们执意要给我送行的美意，但该来的这一天终于还是来了！

同事们太忙了，我怎么忍心为我的事，再给他们"忙中添忙""乱中添乱"了，尤其是我在转岗待岗期间闲下来之后，对同事们的"忙"和"乱"有了更加深切的体会。可是，10月31日，我的同事们还是百忙中挤出时间来北京为我送行，亲自把我送到北京师范大学这个新的工作单位。我清楚，从11月1日开始，我就成了一个从遥远的"乡下"远嫁京城的游子。自古以来，游子离家母牵挂，同事们代表我的娘家人到北京来，与我嫁给的这家新人家见面，表达的是一种不舍，是一种支持，更是一种新的期待。这一切，我铭记在心！

人生有一个个节点，这一个一个节点，构成了人生的一个个转折点。人生的路啊，就像风筝，随风而起，迎风飞扬，时而上下翻飞，时而俯冲而下，时而直冲云霄，但不管它怎么自由地翱翔，却总离不开放风筝人手中的那根线。

人生的道路啊，从来没有笔直笔直的，从来都是曲曲折折，弯弯曲曲，峰回路转的。但你走的那条路，似乎又是冥冥之中、命中注定的。这个命是什么？这个命无疑就是放风筝人手中的那根线，就是你心中从小孕育的那颗躁动不安的梦想的种子。

我的家庭环境和教育环境使然,在家里,作为长子,我是一个懂事早、有担当的"好孩子";在学校,我是一个爱学习、愿帮人的"好学生"。或许可以说,我是在担当和肯定中长大的。母爱和师爱,成了滋养我人生的永不枯竭的营养。因缘际会,爱孩子,爱教育,做老师,成了我心中的梦想!

上苍眷顾,不忍心伤害那个善良的小孩!在我人生的路上,一路走来,让我学师范、学教育,让我研究教育,让我做教育宣传工作,让我做教育行政工作。做师范生,我如饥似渴地学习,用4年时间,学习了中文和教育两个系的基础课程①;做教育研究,我和老师们、校长们一起,在目标教学、情感教育、创新教育的研究中,凝结出了人生的友谊之花,被称为教育研究的"金牌团队"②,备尝奋斗的艰辛,更享受着奋斗的幸福,在教育改革探索的道路上,大家"手拉手""嗷嚎着"一起走在基础教育教学改革的前列;做教育宣传,尽管时间短,但勇探电视节目竞争准入新机制③;做教育行政工作,我的学生给我总结了两句话,把专业融于职业,把研究贯穿工作。我很欣慰,学生懂我,但还想补一句:把良知献给

① 1981年,我考入曲阜师范学院中文系。1984年,曲阜师范学院为了创办教育系,专门从10个系通过笔试和面试选拔了30个学生,学习教育和心理两个专业课程,以备师资之需。我当时有幸从中文系转到教育系学习教育学基础课程。

② 1999年,我发起了创新教育研究,提出了推动我国教育从"接受性教育"向"创新性教育"、从"接受性学习"向"创新性学习"转型的任务。研究团队凝聚了一大批志同道合者,引起了广泛的关注,《人民教育》傅国亮先生将我们的研究团队称为"金牌团队"。

③ 我在山东教育电视台工作时间虽然短暂,但担任副台长、总编室主任之职不辱使命,开创了电视节目时间段竞争准入新机制。

教育。18年来,我的心灵常常被那些普通家庭、普通孩子的命运占据着,在教育科学研究、学校体育艺术教育、语言文字工作、教育督导制度创新、成人教育、职业教育校企合作、传统文化教育、基础教育改革、校长教师队伍建设、学前教育发展、城乡教育资源配置、考试招生制度改革、教育体制机制变革等方面,做了我应该做的、可以做的、能够做的一切。在推动教育改革和发展的道路上,我之所以能够走到今天,一刻也离不开同志们的理解、支持和鼓励。

"齐鲁情未了"。感恩齐鲁这片土地,感恩我工作34年来,相识、相知、共事的各位领导、各位局长、各位校长、各位老师,还有数不清的可爱的孩子们,是你们增进了我对教育的理解,是你们让我懂得了做教育的艰难和困苦、做教育的快乐和幸福,更是你们给了我改革的智慧和力量。你们永远是我的老师!

"感时花溅泪,恨别鸟惊心。"真的要离开了,心中却没有一丝"挥挥手不带走半片云彩"的洒脱,内心充斥的多半是矛盾、是挣扎,是痛苦。

我知道大家对我内心的那份期待,希望我能为齐鲁大地的教育再多服务几年,我更知道这里有我的事业、有我的梦想,更有我几十年来用理想和事业凝聚成的友谊……

但我也更清楚,这几年来,我内心有一种挣扎,就是越来越难有更多的时间走进学校去享受教育的那份幸福,去聆听老师们成长的故事,去倾听孩子们生命成长拔节的声音,去和局长们坐下来琢磨、切磋破解教育难题的路径。这对我是一种痛苦和煎熬，内心时常有一个声音在脑海中回荡：到一线去、到一线去⋯⋯

哪里是我人生的下一个驿站？到高校去当老师、到高校去做教育研究、到高校去做教育改革决策的研究吧！

人生都有转身时。离别，不是诀别，更不是永别！那天，我在潍坊全省创新教育研讨会上，面对山东教育界的新老朋友们，曾深情地告白：我的心在这里、我的情在这里，我的事业还在这里！

离开是为了更好地回来，是为了更好地实现我的教育理想，是为了能够更好地去安放我的教育灵魂！离别，是为了站在更高的山巅上，去领略更奇绝、更险峻、更美丽的风景！

感恩大家，一路相伴！感谢大家，继续携手追梦！

张志勇

2019 年 11 月 2 日于云南安宁

目　录

第一辑　教育·孩子

如何离真正的教育更近／003

教育是一种人文活动／010

差异本身是最宝贵的教育资源／016

学会真爱孩子／022

保卫童年／028

"还儿童一个童年，就欠他一个成年"／035

家庭教育到底在孩子的成长中占多大比重／040

关注"排名"还是关注"学习"／045

教育必须唤醒学生内在的人生追求／054

让学生享受完整幸福的教育／060

第二辑　教育·素养

从"物质人教育"到"精神人教育"／071

素质教育是最大的教育公平／078

素质教育的教育观断想／083

从深度学习走向核心素养／089

做敢于直面"真教育"的勇士／099

教育 GDP 主义之害／111

第三辑　教育·学校

把考试忘掉之后剩下的就是教育／121

"攀龙附凤"是教育的堕落／127

"课堂""负担"与素质教育／133

别带着误解看"减负"／148

"队""允许掉队""不准掉队"及其评价／152

作业是学科课程教学的重要组成部分／158

课程的意义／163

新教育呼唤新学校／170

衡量中小学校长教育家情怀的三把尺子／181

教师是引领社会前进的人／185

教育是一种实践智慧／190

教师的专业智慧／193

打开教师职业生活幸福之门的钥匙／198

第四辑　教育·变革

要"内在自觉"，不要"组织霸权"／207

走出"高考拜物教"／214

为全民教育焦虑"降降温"／225

智能时代的学校教育变革／238

中国教育的科学精神／250

用教育科学战胜教育愚昧／255

第一辑

教育·孩子

如何离真正的教育更近

我们常常讲，教育要以学生为本。我们的教育是如何以学生为本的？其实，在现实的教育中，我们看到的，是成人总是站在"我为你好"这种所谓"天然的道德高地"上来替学生们做主。

伟大的教育家孔子关于人的学说，有两个核心概念，一个是"仁"，一个是"礼"。

"仁"就是"爱人"，是一种普遍的爱，而且孔子强调爱人作为一种普遍的道德原则，必须从爱自己的父母开始。

孔子的"仁"，就是由"亲亲"出发，推广为普遍的爱。实现的方法就是"忠恕"之道。"忠"即"己欲立而立人，己欲达而达人"。就是说，我自己有什么欲求，就想着别人也有这样的欲求，在满足自己欲求的时候，要想着使别人这样的欲求也能被满足。"恕"即"己所不欲，勿施于人"，也就是说，我自己不愿意别人这样对待我，我也不要这样对待别人。今天，孔子说的"己所不欲，勿施于人"，被认为是人类应该共同遵守的"黄金规则"。

今天，学习孔子的"仁""爱"思想，我们是不是要认真反思一下，究竟有什么理由将我们成人世界都无法承受的长时间、高强度、超单调的学习生活，强加给那些未成年的学生们？

……

如果能由教育家来办学该有多好。作为分管基础教育工作的一位地方教育行政工作者，我是多么强烈地期盼着基础教育战线能涌现出一批又一批教育家啊！

什么是教育家？这让我不由得想起了 2008 年 12 月 6 日，我参加 21 世纪教育发展研究院主办的首届"地方政府教育制度创新奖"颁奖活动时，送给江苏锡山高级中学唐江鹏校长的感言：

"5·12"，这是每一位中国人永远铭记的日子。这一天，离 2008 年的高考只有 25 天，让不让那些苦读了 3 年，即将迎来首次人生大考的莘莘学子参加学校组织的抗震救灾烛光祈祷晚会？有一位校长从心底发出这样的声音：还有什么比让我们的学子们去经历这场民族灾难后的心灵洗礼更重要的。如果不让这些孩子去参加这场晚会，那简直就是对他们的犯罪！

我敬佩这样的校长！教育永远是校长和老师们尽情挥洒的舞台。在这里，我呼吁：教育离功利主义远些，远些，再远些,离孩子们近些,近些,再近些!

在这里,政府及其教育行政部门的责任,就是创造公平的教育发展和教育竞争的环境。谢谢!

如何才能办好教育? 如何才能办好真正的教育? ……我曾经对来自家乡的校长们讲过"四句话":办好教育,只要为孩子们考虑得远一些,为老师们考虑得远一些,为学校考虑得远一些,为自己考虑得远一些,就足够了! 一句话:离孩子们近些,离真正的教育就近些!

什么是真正的教育? 我想,无论如何在教育中,人都是第一位的。 人是出发点,人也是归宿! 说到底,教育应该从人出发,又回到人。 有位校长说:我们这个地方很穷,我们要把孩子们更多地送到大学去。 这里,有一个思想认识问题:似乎规范办学行为、推进素质教育,就是不让孩子们上大学,就会影响孩子们上大学,就是与老百姓的根本利益作对。 其实,规范办学行为,推进素质教育的根本目的,就是希望我们的教育实现"三个统一":老百姓的近期利益、长远利益和国家利益的统一。

什么是近期利益? 当然是让老百姓的孩子们更多地通过我们良好的教育考上好的学校,让那些考不上学,或者不愿意继续深造的孩子们也能受到更好的教育,为他们走向社会、为他们的谋生与就业打下更好的基础。

什么是长远利益？ 就是我们的学校教育不仅要考虑到老百姓的孩子当前的升学需求，还要考虑到老百姓的孩子将来的谋生需要。 因为高中阶段是人的人生观、价值观、世界观形成的关键时期，如果这个阶段我们只关注孩子的升学需求，只进行应试训练，而不关注孩子们的人生观、价值观、世界观，那么，孩子们即使升入大学，走上人生道路，也很难驾驭自己的人生，在人生的道路上很容易掉队。

什么是国家利益？ 就是民族素质与国家竞争力。 我们这个国家经过改革开放，取得了巨大的成就，人民生活水平迅速提高，国家的综合实力大大提高，我国的国际地位也愈来愈高。 但是，我们必须承认，在我国走向现代化道路和实现中华民族伟大复兴的征程上，存在着一系列严峻的挑战，特别是我国国民的综合素质不高，创新精神和实践能力不强，严重地制约着我国的改革、开放与发展，严重地影响着我国的产业结构升级与现代化进程。 说到底，中国的现代化、中华民族的伟大复兴大业的实现，关键在于提升我国国民的整体素质和中华民族的创造力！

我们说，离孩子们近些，离真正的教育就近些。 那么，我们的教育就必须从孩子们学习与发展的实际出发，从孩子们真正的需求出发，立足于现在，着眼于未来，为孩子们今天的学习、明天的升学和终身的发展负责！ 为孩子们今天的学习负责，就是要让每个孩子都学好国家规定的课程，让每个孩子得到全面而有个性的发展；为孩子们明天的升学负责，就是要让那些愿意继续深造学习的孩子，能够获得继续教育的机会；为孩子们终身的发展负责，就是不要因为孩子们近期的学习与明天的升学，而牺牲孩子们的长远发展，危及孩子们的长远利益。

离真正的教育近些，说到底，就是要离极端功利主义的教育远些！那么，我们的教育就必须为孩子们考虑得远一些。我们要考虑到孩子上大学之后的竞争力如何，不能让孩子们上了大学不知道学习，无所事事；我们要考虑到孩子们将来就业的竞争力如何，不能让孩子们走出大学校门，就加入待业大军；我们要考虑到孩子们将来走上工作岗位后的竞争力如何，不能让孩子们千辛万苦找到一个工作后，又无所作为，甚至被淘汰；我们要考虑到由每个行业的每个人构成的国家的综合竞争力如何，不能让我们的国家受制于人……

如果我们的学校教育，真正有了"四个考虑得远一些"、追求"三个利益的统一"、立足于"三个负责"、关注"四个竞争力"，那么，我想，中国的教育离极端功利主义就远了，离真正的教育就近了。由此，中国教育回归初心之日就快到了！

当然，也许有人会问：老百姓的近期利益、长远利益与国家利益能统一起来吗？我们的回答是"能"！

也许有人会问：在升学竞争如此紧张激烈的时刻，学校开那么多课程，又不让学生加班加点，不影响学生升学吗？我们的回答是：不影响。 开齐课程能够保障孩子们的发展有一个全面而综合的素质结构，这会提高孩子们的升学竞争力；不加班加点，给孩子们应有的自主学习、实践学习、差异学习的时间和空间，不但能够切实维护孩子们的学习兴趣，增强孩子们的学习能力、实践能力，而且能够让孩子们扬长补短，这对孩子们的升学有百益而无一害。

也许有人会说：为了让孩子们考一个好的大学，当下多听听课、多做作业，是最要紧的，至于孩子的兴趣、人格、独立性、责任感、创新精神、实践能力等，等上了大学，甚至到了工作岗位上再去培养也不晚。 在日常生活中，谈到时间与人生的机遇，老百姓们有一句很朴实但颇富哲理的话："过了这个村，就没有这个店了。"人的成长与发展同样如此，是有关键期的。 如果高中阶段的教育，不为孩子们打下这些宝贵品质的根基，那么，孩子们一生都无法弥补！ 同时，积极建构孩子们的情感世界，对于孩子们认知世界，具有积极的保障与促进作用。 一个没有正常的学习兴趣，没有良好的学习习惯，没有积极的人生追求的孩子，即使在教师、家长的强迫下，也是搞不好学习的。 哪怕是在高压与硬逼下，勉强考个大学，孩子们也不会有好的就业前景，更谈不上幸福生活。

也许有人会说：我的孩子今天不能考一个好的大学，哪还有明天？ 但是，即使你的孩子考上大学，但他没有形成健康的身心，没有积极向上的人格，他怎么会有明天？ 难道你真的不知道吗？ 明天的就业竞争绝不是从明天开始的。 高中生们今天的成长对于未来的就业与发展具有奠基的重要意义……

　　教育家应该是仰望星空的人，教育家应该是关怀祖国命运的人，教育家应该是爱满天下的人，教育家应该是充满激情创新的人！ 这让我想起了非常贴切的一首小诗：

　　　　我仰望星空，它是那样寥廓而深邃；

　　　　那无穷的真理，让我苦苦地求索、追随。

　　　　我仰望星空，它是那样庄严而圣洁；

　　　　那凛然的正义，让我充满热爱、感到敬畏。

　　　　我仰望星空，它是那样自由而宁静；

　　　　那博大的胸怀，让我的心灵栖息、依偎。

　　　　我仰望星空，它是那样壮丽而光辉；

　　　　那永恒的炽热，让我心中燃起希望的烈焰、响起春雷。

教育是一种人文活动

教育是一种培养人的活动，这是许多教育学著作为教育所下的定义。 但是，教育是一种什么样的培养人的活动？ 却没有多少人给予深究。 我认为，教育是一种人文活动，也就是说，教育首先是一种人与人的交往活动，是一种充满人文情调的教育活动，没有人与人的情感交往，没有人与人的情感关注，没有人与人的心灵世界的相互审视与关照，教育要想发挥其应有的功能是很难的，甚至是不可能的。 在这里，"人文性"构成了教育的本质特性，是人类教育活动存在的本质规定。

教育是以人文关怀为基础的活动

教育活动的发生是以人与人的交往为载体的。 在这种人与人的交往中，教师对学生的人文关怀构成了教育活动赖以正常进行的基础。

2006年10月21日，我在前往青岛筹备"全国职业教育半工半读试点工作会议"的路上，审阅了"创新教育书系"第二批书稿之一——李秀伟老师的《唤醒情感：情感体验教育研究》的部分书稿。其中，我看到这样一个案例：

在教学《高大的皂荚树》一课时，我范读了课文的最后一个自然段，赢得了同学们自发的掌声。掌声刚落，刘林林举手说："老师，你读错了一个字！"我平时一直鼓励学生敢于指出老师的错误，于是笑着问他："哪儿错了？""'轻烟袅袅'应该读'nǎo nǎo'，你读成了'niǎo niǎo'……"说到这儿，同学们哄堂大笑，很明显是这个学生弄错了。此时我并没有多想，冷冷地甩下一句："以后看拼音要仔细。"就又开始了正常的教学。下课了，同事们都在祝贺我这节课的成功，我也陶醉在喜悦中。然而在接下来的几天，刘林林在语文课上一直情绪低落，举手发言明显减少了，眼睛始终不敢直视老师。我的心被刺痛了，我曾以为那一句"以后看拼音要仔细"只是一时的疏忽，然而这样的疏忽对学生来说却是如此残酷。是啊，学生并不缺少生活上的关爱，但他们娇嫩、善感的心却时时需要尊重与关怀。课堂教学除了完成知识的传承、能力的培养，还有没有更重要的价值内涵？我陷入了深思。曾听说过这样一句"经典"的言论："课堂教学上我是学生的老师，课下我是学生的朋友。"我该对着这句话的上半句自我反省了，课堂上我更应当成为学生的朋友。爱，在课堂教学中更为重要。课堂教学是艺术,是科学,更是情感。有了这样的认识,我开始追寻教学的真谛。

如何看待这个案例? 显然,从科学性层面来讲,老师的处理并没有什么错误,但是,为什么在接下来的几天,刘林林在语文课上一直情绪低落,举手发言明显减少了,眼睛始终不敢直视老师呢? 显然,是老师那句"以后看拼音要仔细"的话伤害了学生。 从这个案例中,我们完全可以说,教育并不能完全按照科学逻辑来进行,它必须在依循科学逻辑的同时,遵循情感逻辑。 在这里,以教师对学生的爱为基础的人文关怀,对教育的正常进行发挥着至关重要的基础性、背景性作用。

教育是以人格影响人格的活动

纵观人类社会发展史,不难看出科学技术的发展与人类教育教学方式的变革是密不可分的。 科学技术作为社会发展的第一生产力,不仅是社会发展的巨大杠杆,也是教育发展的强大动力。 教育的每一次历史性的飞跃,都与人类社会最卓越的发明成果的应用分不开。

1911 年,爱迪生曾预言:"在学校里,教科书将很快过时,不久,学生将通过视觉来接受教学。 使用电影传授人类知识的每一门分支学科是可能的。 10 年后,我们的学校系统将彻底改观。"

微软公司创始人比尔·盖茨童年的梦想是:"在每张书桌上、在每个人的家里都有一台电脑。"现在,他又在策划着另一个时代:"各地方的人在自己家中就能学习最好的课程、学习任何科目、由世界上最好的老师讲授。"他告诫人们:"你的工作场所和你关于教育的观念将被改变,也许被改变得几乎面目全非。""你孩子的世界不会与从前一样,他们的未来依赖于一生中掌握新概念、做出新选择、不断学习不断适应的能力。"

今天历史已经证明,爱迪生的预言没有实现;而比尔·盖茨的梦想大部分已变成了现实。 那么,教育技术的发展及其运用能不能使人类学校教育形态消失呢? 我认为,尽管现代信息技术正在深刻而全面地影响着人类的教育教学方式,但它不可能从根本上使人类的学校教育消亡。 立德树人是学校教育的根本任务。 人类教育作为由教师与学生共同进行的活动,教师作为教育活动的主体,其人格对学生的影响是巨大的。 我们完全可以说,教育是以人格影响人格的活动。

正因为如此,我们在国外考察中小学,很少看到像我们国家这样的大规模的学校,这固然与一个国家人口多少有关,更与他们对教育规模对人的影响的认识有关。 在日本,一所小学一般不能超过 500 人,其原因就在于超过了这个规模,校长就不可能很好地与每个学生沟通,以至于无法对每个学生产生相应的人格影响。

也正因为如此，我反对建设超大规模学校，主张加强教师队伍的职业道德建设。

教育必须关照人的精神世界

《济南时报》上的一则报道，看后让我的内心久久不能平静。

2006年8月8日,22岁的河南大学生李征用镢头20分钟内杀死七人,均为一击致命。事情的起因是2004年夏季麦收,李征家的小麦收割之后,因自家没有车辆,邻居李培敬夜晚帮忙将麦子运回家,李征的母亲当时在车后跟着,回家后却发现少了一袋麦子。一袋麦子大概50多公斤,价值60多元,当时李征家并未作声。李征因此纠纷将他人房屋砸破,被派出所拘留。李征家人分析,当时邻居曾威胁要让学校将其开除,导致其精神失常,酿成这起惨剧。

在村里,李征唯一的朋友李占海猜测,可能有两件事让李征走向了人生的不归路:一是"大一下半学期,2005年3月,他妈妈才48岁就脑溢血去世,这对他而言就像天塌了一样"。二是他家里经济基础不行,"他们家劳动力主要是他妈妈,他爸有点驼背,身体不好,不能干活。他妈妈只能靠种七八亩地玉米、小麦、花生等挣钱,年收入几千到万把,遇上旱涝就更不能保证。"李占海说,"这还不够他一年学费加生活费。"

在李征的大学同学眼中,他的变化发生在 2005 年 8 月以后。"他很少来我们这儿玩了。"而大一时,李征的同学们并未发现他有何不同,他爱去隔壁寝室打牌或看电视。"他这么沉默压抑的人,心理问题积累多了,就成了火药桶。""有时候在 QQ 上遇到陌生人就开骂来发泄。"有同学还发现,他一个人坐在教室里,生闷气掰铅笔,"竟然把铅笔掰断了"。

始终在人们注意力之外的李征,安静、内向,从不惹是生非,谁也没想到,他会成为杀人案的主角。

"我不敢相信李征杀了人。"同村的李占海,在村民们眼里是李征唯一的朋友。在李占海眼里,高中时代的李征,诚实、认真、值得信任,善良、温和、隐忍,不斤斤计较。

看了这则报道,我的心情久久不能平静。 在李征走向杀人的过程中,他的心灵世界有人关注过吗? 我们的教育确实到了必须深刻反思的时候:教育如果还是一味这样只追求升学率,只关注知识学习,而不真正去关注人的心灵、人的精神世界,这是我们所需要的教育吗?

在这里,我要大声疾呼,我们真的要猛醒了:教育不仅要给予学生知识、能力,还要给予学生人文关照,更要重视学生心灵世界的培育。 这是教育最神圣的使命和责任!

差异本身是最宝贵的教育资源①

一

潍坊一中校长于允峰面对前来考察的教育部基础教育二司领导曾经说过："山东省刚开始规范办学、推进新一轮素质教育时，要求高中学校不搞重点班，进行均衡编班，我们确实有些想不通，有些担心。可几年下来，好学生的发展不但没有受到限制，反而越来越具有活力，优秀学生的比例越来越高。不仅如此，按照均衡编班，教师们教育教学改革的积极性越来越高。"

招远一中校长郭美娟也在全省高中校长座谈会上汇报，招远高中招生采取"一评二挂"的办法，即对学校按照教育方针和国家教育法规政策进行全面评估，评估结果与高中招生指标分配和学校校长、教师评优、树先、晋职挂钩。招远一中招生一所初中一条分数线，结果上一中的学生分数高低相差可达一

---

① 本文是由几位校长的办学实践引发的思考。

二百分，尽管如此，学生无论参加学业水平考试，还是参加高考，其成绩差异几乎没有多大。

北京师范大学附属实验中学原校长王本中在谈到自己创办中加学校的实践时多次说过："当时招生时学生入学的分数差距很大，但是我们一旦尊重了学生的差异，弘扬了学生的个性，遵循了学生个性发展的规律，学生最后的学习与发展结果远远没有入校时考试分数的差异那么大！不仅如此，那些从学科和分数桎梏中解放出来的学生，发展潜力更大，未来前途更让人充满期待。"

由此，我想到，如何认识学生差异、尊重学生差异、利用学生差异、弘扬学生差异、促进学生差异，是一个重大的教育理论和教育实践命题。

二

同质化教育就是在扼杀学生的个性。

中国人是讲究整齐划一的。这种价值思维方式，加上现代工业思维的浸润，以及应试本位的教育价值观的张扬，使得中国人在教育领域过于强调统一、强调规模、强调共性，而不尊重差异，不尊重个性。这突出表现在以下几个方面：

以分取人。在选拔新生中，学校需要的不是一个个具有各种发展潜质的人，而是学生在考试中获得的分数，分数高的学生就是好学生，至于各门学科的分数总和构成的学生成绩的高低与学生个性发展之间具有什么关系，并没有谁去关注；学生入学后，人们关注的仍然是学生考试成绩的高低，而不是活生生的正在发展中的人，更不是学生在发展中呈现出的多姿多彩的富有个性的、学科的甚至职业性向的分化与素质发展水平。

消灭差异。 在许多老师和校长的日常话语中，我们常常能够听到优秀生、待优生、待转化生这样的话语概念，似乎学校教育的任务就是通过"补差"去"培优"。 而这里衡量"差"与"优"的依据，就是学生各门功课考试成绩之和，成绩高的就是"优生"，成绩低的就是"差生"。[1] 这样的教育实践，说到底，是一种消灭差异的教育。 这种教育实践，从本质上说，完全是为了服务于应试教育的需要，可以说，与培养全面而有个性的一代新人的教育宗旨是背道而驰的。

歧视个性。 长期以来，我们坚持的优秀学生的标准，就是"分数+绵羊"，即只要考试成绩高、听老师的话，就是好学生。 正是基于此，在学校教育中，人们在两个方面不断地扼杀学生的个性：一是学校、老师、家长一概反对学生参与与应试无关的学科学习和实践活动，这就从根本上扼杀了学生多元智能发展的可能性；二是对于学生挑战师道尊严的各种行为一律严格禁止，这就从根本上否定了学生独立人格培养的可能性。

_____

① 这几年,社会上更流行所谓"学霸""学渣"这样的说法,每每听到这样的说法,我的内心就会为教育的庸俗和堕落而痛心。

三

同质化编班必然破坏良好的教育生态。

由于极端功利主义的应试教育的影响，不少学校习惯于把入学考试成绩高的学生编在一起，组建各种名目的所谓"重点班""实验班"。 说到底，这种做法是把考试成绩好的孩子组织在一起，以便追求更高的升学率。 与这种做法相适应，学校在最稀缺的优质教育资源配置方面，包括人、财、物都以满足这些"重点班""实验班"的需求为最高原则。 殊不知，这样做的结果，既破坏了学校良好的教育生态，也在违背家长和学生对升学的利益诉求本身。 这是因为差异本身就是良好的教育生态和教育资源。

人与人是不同的，这种不同体现在：由父母遗传基因带来的先天禀赋的不同，父母的教育素养、职业经历带来的家庭教育环境的不同，以及各种差异导致的孩子后天学习、生活习性和逐渐显现出来的智力倾向的差异，等等。 因此，具有不同学习成绩、不同学科学习优势、不同个性倾向的学生走在一起，本身就构成了一个和谐多元的教育生态。 正是因为他们的不同，他们之间才可以"生生相长"——相互学习，相互促进，相互帮助。 相反，如果按照考试成绩这一标准对这些具有丰富差异性的学生进行分层，层次分得越细，这些孩子的差异越小，这些孩子的学习与生活环境就越"同质化"，由此，他们之间就失去了共同学习、共同进步的"自然环境"，从而丧失了成长与发展的"团体动力"。这本身就是违背孩子的根本利益的——包括学习与升学利益。

与此同时，随着学校优质教育资源向"重点班"倾斜，必然导致教师资源配置的"同质化"，即出现"优优""次优""差差"这种组合，其结果，对于"重点班""实验班"的教师而言，学生的学习与考试成绩肯定比所谓的"差班"学习与考试成绩要好，这些"重点班""实验班"的教师无形中也失去了改革积极性与敬业精神；而对于非"重点班""实验班"的教师而言，自认为自己所教的班学生学习成绩差，无论如何都无法追赶"重点班""实验班"的学生，结果自然也丧失了进取的动力。由此，必然导致良好的、理性的竞争性教育环境的丧失。这种局面对于落实教师的学校主人翁地位，调动广大教师的教育教学积极性是极其不利的。

四

没有差异就没有健康的教育。

差异本身是促进学生个性发展的前提条件，是学生个性成长和职业性向培育的天然土壤。遗传学告诉我们，每个人天生都是不同的，再加上后天的家庭、生活和教育环境的不同，每个人的性格特点、学科兴趣、学习风格乃至对将来的专业学习和职业性向的选择都是不同的。这些不同恰恰构成了一个人个性发展的前置条件，学校教育的任务不是去填平更不是消灭这些差异，而是把这些差异作为促进学生个性发展的条件，最大限度地尊重这些差异、合理地引导这些差异、努力地培育这些差异、积极地弘扬这些差异。

差异本身是重要的教育资源，是促进"教教相长""教学相长""生生相长"的重要动力。在这里，差异本身对学校教育有两个方面的重要意义：一方面，差异本身形成了可贵的教育资源。正因为有不同，每个人所具备的不同的"长"本身，自然形成了别人可以学习的资源，由此人与人之间才可以互相取长补短。另一方面，人与人之间存在差异，而这些差异在内容和品质上具有高下之分，相互之间才可以引发进取心、激励上进心，形成发展的内在动力。

尊重学生的个性差异关键是为不同的学生提供不同的课程。这里的关键是：学校要为学生提供可选择的适合自己个性的学习资源，即课程。包括课程和相应的课程资源，如不同的学习材料、不同的考试要求，等等。

尊重学生的个性差异需要建立"行政班"与"教学班"相结合的课程与教学管理制度。我们主张，按照均衡编班的原则组建行政班，作为学生在校管理和学习共同课程的基本组织单位。同时，为了适应学生的个性差异，满足学生个性差异的需要，要根据学生对不同课程的自主选择，组建教学班。

学会真爱孩子

我们都知道，父母是孩子的第一任老师。 在孩子的学习、成长与发展中，父母承担着重要的使命和责任。

在好孩子的成长历程中，我们能看到父母教育的影子；在失败的孩子的成长历程中，我们也能看到父母失败的教育的影子。

天下父母，没有不爱孩子的。 但天下父母，要真正做到懂孩子、会爱孩子、会教育孩子，却并不是一件简单的事情。

爱孩子就要尊重孩子

家长在教育孩子上，拥有天然的道义上的"制高权"：一是作为父母，对自己的孩子具有天然的教育权；二是作为父母，无不对自己的孩子的未来充满了期望，都希望自己的孩子出人头地；三是作为父母，都想把自己的人生经验和对经济、社会的知识传递给孩子。 因此，在孩子面前，天下父母似乎都拥有"我吃的盐比你吃的米都多"的教育优越权，加上传统文化中诸如"君为臣纲，父为子纲"的一些消极因素的影响，我国家庭教育中民主精神有一定程度上的缺失。

在家庭教育中弘扬民主精神，说到底，家长们爱孩子，要以尊重孩子为前提。尊重孩子，要求家长们在家庭教育中，在父子、母子交往中，要放弃自己教育的"制高权""优越权"，在生活、学习与教育中把孩子当作具有平等地位的"伙伴"。"平等地位"，就是在日常的教育中坚持与孩子协商，不把自己的教育意志强加于孩子；就是要尊重孩子的兴趣与选择，不把自己的兴趣与选择强加给孩子；就是要将自己的教育要求，真正建立在孩子内心认同的基础上，否则，你再好的教育愿望，对于孩子来讲也无济于事。

爱孩子就要知道孩子的长处与短处

孩子都是自己的好！中国人骨子里有一种"成龙，成凤"的心态。在这样的教育心态下，每个家长对孩子的未来都充满了无限美好的期望，都希望自己的孩子成才、成大才，都希望自己的孩子能出人头地、做人上人。

在这样的教育心态下，家长们对自己的孩子充斥着盲目的"卓越"意识——在班里要做第一，在年级要做第一，在学校里要做第一，否则，就认为自己的孩子不努力、没出息，就要给孩子的学习与生活施加极大的压力。

在这里，家长对孩子的教育要求，坚持的是一种"横向比较思维"，缺乏"自我进步思维"。说到底，左右家长们思维的就是"做人上人"的社会精英思维。这种思维的可怕之处，就在于"只要第一，不要第二"，第一才是成功，第二就是失败。如此，教育不是在培育成功者，而是在制造一个又一个的失败者！

如何改变这种教育生态？我想说的是：家长们爱孩子，要懂得天下每个孩子都是好孩子，天下每个孩子都是不同的，自己的孩子与别人的孩子相比自有其长处，也必然有其短处。这就是说：对待孩子的未来和期盼，应该持一种"理性思维"，不要把自己的孩子与别人的孩子进行盲目的比较，更不能进行盲目的"攀比"，否则，会把自己的孩子逼进学习与生活的死胡同，进而患上学习失败恐惧症，轻者学习兴趣下降，重者厌学、逃学，直至到网吧、到校外青少年犯罪团伙中去寻找自己的"乐趣"和"自信"，更有少数孩子走向人生的"绝路"。

不与别人的孩子比高低，只与别人的孩子比优势，就是让自己的孩子明白：你有所长，我亦有所长；你有所短，我亦有所短；赏其所长，容其所短。知道自己的长处，弘扬自己的长处，孩子的学习与生活会越来越自信；明白自己的短处，知道人无完人，学生的学习与生活会越来越理性。

爱孩子就要让孩子的学习与生活有意义

我说过，在当下的教育话语体系里，上小学是为了上好初中，上好初中是为了上好高中，上好高中是为了上好大学，上好大学是为了找好工作。似乎，人生的所有阶段都是为找工作而准备的，教育的本质很大程度地被异化了。

在这种教育话语体系里，我们的教育上上下下都用一把尺子来评价孩子，就是学习的好坏，就是必修课程、考试科目、升学科目考试的好坏。在如此单一的评价标尺面前，学校与家庭必然联手制造大量的失败者。

"吃得苦中苦，方得甜上甜"。中国人有勤奋好学的传统。在我们的教育中，充斥着"苦学""硬学""蛮学""死学"的思维，倡导"头悬梁""锥刺股"。但我想说的是：故事中所讲的，把头发系在梁上的是孙敬自己，而不是别人；拿起锥子锥大腿的是苏秦自己，而不是别人。

在这种教育话语体系里，无论是学校学习，还是家庭学习，都是强制下的学习，学生们要么是为家长而学，要么是为老师而学，要么是为将来的工作而学，而不是真正为自己内心的成长与发展需求而学。因此，从整体上讲，学生内在的学习动力、学习意愿十分低下！这与学生对当下的学习与生活意义的认知处于麻木状态有关。

无法唤醒学生内在的学习意愿的教育必然是效率低下的教育。 要唤醒学生内在的学习意愿，就必须让孩子感觉、体验、认知到当下的学习与生活是有意义的。

爱孩子就要让孩子学习终生有用的东西

我说过，今天有不少教育工作者、不少家长患上了教育近视眼病，而且病得不轻。 在学校，只让孩子学习考试科目、升学科目，否则，就是不务正业；在家里，只让孩子做作业，上考学有用的各种辅导班，否则，就是荒废自己的青春年华；在社会上，孩子如果不做作业，不做卷子，而参加各种活动、搞社会实践，就是玩，就是耍。

在这种教育认知下，尽管家长、社会对孩子们如何做人、做事不满意，但学校要开设社会实践课程，家长、社会上却有不少人反对。 因为家长、社会都戴着十分功利的眼镜看教育，与考学无关的，你折腾它干啥！

在这种教育认知下，家长、老师们对培养孩子的学习兴趣、习惯与方法顾不上了，以至于学生的学习越来越事倍功半；家长、老师们对培养学生的理想、信念、境界与追求顾不上了，以至于学生们眼界越来越窄，内在的学习动力日益枯竭；家长、老师们对培养学生的独立性、自主性越来越顾不了，以至于学生们越来越管不住自己，不看着他就不学习了。

由此，我们看到的是学生的"智性"（学习智慧）丧失，"德性"（人生境界）缺失，"自控性"（自主管理能力）流失。

在这里，我再次向家长们提出一个问题：你究竟准备让自己的孩子走多远？不学习做人，不学习做高尚的人，不学习做独立的人，我坚信，你的孩子不仅走不好未来的人生之路，也断然走不好当下的学习与生活之路。

保卫童年①

　　"六一"儿童节无疑是儿童们的节日。尽管如此，当我收到几位朋友的短信节日祝福时，还是为这些短信给我带来的对心灵的摇动而对这些朋友表示感谢——

　　　　哼一段童谣,把童年叫醒

　　　　看一个童话,把童趣叫醒

　　　　发一条短信,把童心叫醒

　　　　超龄不是问题,只要快乐就行! 祝超龄儿童节日快乐!

　　珍惜今年的儿童节，还有一个重要的原因，就是我以中国少年先锋队第六次全国代表大会的代表和山东代表团副团长的身份参加了这次代表大会。有机会生活在天真烂漫的少先队员们中间，分享他们的快乐与幸福，使我更增加了一份对儿童、对童年、对教育的思考。

———————————

　　① 2010年6月1日，中国少年先锋队第六次全国代表大会在北京召开，我以大会代表和山东代表团副团长的身份参加了这次代表大会。本文是我参加这次代表大会的感想。

回想自己的儿童时代，那是一个物质生活贫困而精神生活又相对丰富的时代。 这与当下的儿童面对的时代真是不可同日而语。

作为祖国的花朵，当今时代的儿童是幸福的——

全党、全社会高度重视儿童

物质生活日益丰富

和平环境

但同时，我们又不得不看到，身处当今时代的儿童，其生活、成长与发展，又面临着一系列严峻的挑战——

物质过度。 他们面临的不再是我们那个时代"吃不饱、穿不暖"的问题，而是如何防止营养过度和营养失调的问题。 我曾给少工委的同志们讲，今后推荐十佳少年要考虑身体素质，要按照学生体质健康标准，测查学生的身体素质指标是不是符合要求。 这样，我们的家长们就不仅会关注孩子们的所谓才艺问题，也会关注学生的身体素质了。 少工委的同志们承认，这会产生很好的正面导向，会有助于推动孩子们锻炼身体。

保护过度。 孩子们回到家里，家长们的要求就是，你什么都不用干，只要把作业做好就行了！ 对孩子保护过度，这不是爱孩子，这是彻头彻尾地害孩子！ 可是，今天我们有多少家长天天都在干着这样的傻事。 我说过，包办即意味着剥夺，代替即意味着扼杀！包办越多、代替越多，孩子们自主发展与成长的机会就丧失得越多。

学习过度。当今时代，一个人不学习知识不行，但仅仅学习知识也肯定不行。遗憾的是，我们的中小学生正深陷"一心只读升学书，一点不问书外事"的陷阱之中。这种只有书本，没有实践的"瘸腿教育"，不仅残害着青少年的身心健康，也在破坏着学生学习的动力系统，进而影响着学生的正常学习和学业成就。

功利过度。说到底，功利就是人们对符合自己利益诉求结果的追求。追求功利本没有什么错，但过度功利不但会削弱人们对功利目标实现的可能和机会，甚至会走向自己利益诉求的反面。我在30日早上用餐时，收到了北京代表团的小朋友们送来的宣传材料。我发现，14位少先队员代表中，他们填写的特长有：打击乐器、篮球、中国画、钢琴、朗诵、主持大型活动、古筝、英语、法语、绘画、舞蹈、健美操、轮滑、书法等。其中，有9位填写的特长是艺术方面的。我在想，这些少先队员都天然地喜欢艺术，具有艺术天赋吗？答案恐怕是否定的。这里面，与家长们对孩子艺术教育的过于功利的升学追求，不能说不无关系。

面对当下的生存状态，我们的儿童们幸福吗？

6月2日，《中国少年报》以"心愿飞向少代会"为题，报道了全国少代会开幕前开展的"我向少代会说句话"活动。

一共选了 9 位少先队员的心愿，其中，河北石家庄市谈南路小学张雨琦小朋友用题为《我好累啊》的漫画表达了自己的心愿：画中一位小朋友身上背负着作文、奥数、英语、钢琴、美术……"在老爸老妈的逼迫下，我已经报了好几个补习班了，但他们还在不断地给我压力。我像背着许多大石头一样，感觉好累啊！真想扔掉背上的'大石头'！"

面对此情此景，面对儿童们"无童年"的生存状态，6 月 1 日下午，在山东、辽宁、内蒙古三地少先队工作者组成的第 3 小组讨论会上，我做了主旨为《保卫童年》的发言。

保卫童心

教育家艾玛逊指出："教育的秘诀在于尊重。"苏霍姆林斯基曾经有一个精彩的比喻：要像对待荷叶上的露珠一样，小心翼翼地保护学生幼小的心灵。保卫儿童的童心，就是要求成人们小心翼翼地保护儿童们各种积极的"善端"，给这些萌芽中、成长中的"善端"以阳光雨露。

保卫童趣

今天，有多少父母给孩子们报了这班那班，武断地将自己认为重要的功课强加给孩子们，而全然不顾孩子们自己的兴趣到底何在？保卫儿童自己的兴趣，滋养儿童自己的兴趣，这才是家长们、成人们爱孩子的真正体现。

看看贝多芬的父亲老约翰是如何引发、培育小贝多芬的音乐天赋的——

贝多芬的父亲老约翰是宫廷乐手，收入微薄。也许是遗传和环境使然，父亲发现，这孩子连哭都这么有韵律，肯定是音乐天才。父亲看到小贝多芬很有音乐天赋，望子成龙。但由于家境清贫买不起钢琴，老约翰每天都要带着小贝多芬奔波半个波恩城，到一位朋友家里去练钢琴，因为那位先生家里有一架音调很准的钢琴。

后来，老约翰看到儿子很有培养前途，就拿出自己的全部积蓄，为儿子选购了一架钢琴，那时，只有非常有钱的人家才能够买钢琴。当这架昂贵高级的乐器被人抬进家里时，贝多芬和母亲玛丽亚简直都不敢相信自己的眼睛了，也就是从这一天开始，5岁的小贝多芬好像长大了许多，他有了自己的梦想，每天都坐在椅子上，在父亲的指导下练琴。

一天清晨，父亲告诉小贝多芬，选帝侯星期天想听一场戏，他在剧中扮演一个重要角色，如果小贝多芬好好练琴，就让妈妈带着去听。小贝多芬听到这些话，兴奋得手舞足蹈起来。

星期天，小贝多芬如愿见到了大剧院金碧辉煌的大厅，见到了一排排红色天鹅绒椅子，见到了贵族老爷和梳妆打扮得让人惊讶的贵妇们。尤其是，他头一次听到了一支完整的乐队奏出的神奇音乐，看见父亲在台上做着夸张的动作，唱着悦耳动听的歌儿。他觉得一向严厉的父亲这时还是蛮可爱的。

这天晚上，他兴奋得睡不着觉。小贝多芬想，如果有一天能到远方的城市去开自己的演奏会，那就再好不过了！那远方的城市就是音乐之都维也纳！

……

保卫童真

我们的儿童还有童真吗？

《中国青年报》曾报道：山东淄博的一位小学老师怎么也没有想到，她上过的"最艰难"的一课，竟是在六一儿童节前。

课程很简单，她拿出一节课让孩子们写自己的儿童节心愿。45分钟过去，大半孩子竟写不出一句话。第二天，她又借了一节课，总算有学生憋着写出来，还怯生生地问，"老师，这样写行不行，对不对？"

从玉华在《什么让孩子变成标准答案的奴隶》中说："那场景，就像进行一场有标准答案的考试。可它原本是一个最该直抒胸臆、最该不假思索、最该脱口而出的学生自答题。 说到底，只是一个简单的心愿而已。 是什么让'我希望……'这个最简单的造句，演变成了想破头的难题。"

保卫童梦

我们应该创造环境和条件，让孩子们在自己的生活中、学习中孕育自己的梦想。

比尔·盖茨的童年是在美国华盛顿州的西雅图度过的。 长着一头沙色头发的 7 岁男孩比尔·盖茨，最喜欢看个没完的是那套《世界百科全书》。 他经常一连几个小时阅读这本几乎有他体重 1／3 的大书。 他常常想：文字能把前人和世界各地的有趣事情记录下来，传播出去。 历史越来越长，百科全书不是越来越大越来越笨重了吗！ 能有什么好办法造出一个魔盒来，只要小小的一个香烟盒那么大，就能包罗万象地把一大本百科全书都收进去，该有多方便啊！

正是这个"魔盒"的梦想，让比尔·盖茨从小种下了改变世界的理想。 只有孩子们在学习与生活中"悟出"自己的童年梦想，才能影响孩子的未来，创造一个国家和民族的未来！

"还儿童一个童年，就欠他一个成年"

关于"还儿童一个童年，就欠他一个成年"的讨论，①是一个涉及我国教育健康发展的重大问题。中国的教育到底应该怎么走？到底应不应该继续沿着应试教育的路子走下去？到底应不应该尊重和解放儿童的个性，说到底要不要解放儿童的创造力？这不仅涉及每个家庭的未来，也涉及国家和民族的未来。

只有还儿童一个童年，才能让他拥有美好的成年

在应试教育的鼓噪下，社会上充斥着"还儿童一个童年，我就欠他一个成年"的论调。在持这种论调者看来，要让自己的孩子将来有一个好的前途，只有牺牲当下的童年，发愤苦读，考个好大学，才能有好的成年。否则，如果听从所谓素质教育的"忽悠"，让孩子快快乐乐地学习，自由自在地成长，那

---

① 本文是我在网上引导教育界探讨的一个重要话题，收入本书时对当时的内容做了适当扩展。

么，孩子一旦在升学竞争中败下阵来，就等于毁掉了孩子的一生。 一句话，如果让孩子有一个好的前途，就无法让他拥有美好的童年。

其实，把儿童看作"一个未来的存在"，一个尚未长成的大人，在"长大成人"之前似乎无甚价值，而教育的唯一目标是使儿童为未来的成人生活做好准备，这种错误观念由来已久，流传极广。

在教育家们看来，儿童永远是目的而不是手段。 儿童不是尚未长成的大人，儿童期有其自身的内在价值。"长大成人"的提法本身就荒唐透顶，仿佛在长大之前儿童不是人似的！ 蒙台梭利首先明确地批判这种观念，在肯定儿童的人格价值的基础上建立了她的儿童教育理论。 杜威也指出，儿童期生活有其内在的品质和意义，不可把它当作人生中的一个未成熟阶段，只想让它快快地过去。

教育即生长，生长就是目的，在生长之外别无目的。 这个论点由卢梭提出，而后杜威做了进一步阐发。"教育即生长"言简意赅地道出了教育的本义，就是要使每个人的天性和与生俱来的能力得到健康生长，而不是把外面的东西例如知识灌进一个容器。

还给儿童一个童年，并不是要荒废儿童童年时期的大好时光，任由儿童自由挥洒，而是要尊重儿童期独立的成长价值和成长规律，尊重儿童的天性，唤醒儿童对当下学习与生活的意义感，更不是一味地强迫儿童按照成人世界的意志，牺牲当下的童真、童趣，甚至不惜以身心障碍和人格缺陷为代价，在考试升学的道路上拿下一个又一个"山头"，用所谓"高考战场"的胜利去赌明天人生的辉煌。

剥夺了儿童的童年，也就剥夺了儿童的成年

种瓜得瓜，种豆得豆。在教育家们看来，没有完整的生长意义上的童年，就不会有完整的生活意义上的成年。或者说，牺牲童年，并不会还给儿童一个美好的成年。

我曾经说过，经过应试教育的洗礼，我们的青少年都被搞得"遍体鳞伤"。最不幸的，早早地就有一批孩子倒在了追求功利的路上，即使那些在升学竞争的战场上的所谓胜利者，最后也被折磨得"病魔缠身"。如果我们只顾组织儿童们参与日趋激烈残酷的升学竞争，把儿童的生活彻底局限在以升学考试为目的的课本知识学习和题海训练中，而全然不顾儿童的个性、心理、自由和道德发展，不重视儿童的社会适应性的培养，那么我们给儿童未来奠基的所谓人生，常常会陷入以下三个困境：一是制造"学习障碍者"。这里的学习障碍，轻者丧失对学习的内在兴趣，即使考上个大学也已被磨掉了学习的热情，三年或四年大学生活只是混日子而已；重者患上厌学症，视学习为畏途，要么在学校里成为"陪读生"，要么直接逃离学

校，流浪街头。二是制造"身心残疾者"。要么导致身体发育不健康，要么成为各种心理疾病患者。三是制造"人格缺陷者"。升学竞争本身越残酷、越激烈，越容易制造人格缺陷者，这正如钱理群先生所言，我们的教育正在培养一批又一批精致的利己主义者！这样的孩子即使上了重点大学，将来就一定有自己的光明前途，有自己的人生幸福吗？令人痛心的例子还少吗？

教育不能被错误的教育思潮所绑架

在我看来，"只有牺牲儿童的童年，才能给儿童一个成年"的论调，完全是一种非理性的错误的教育思潮，我们的教育绝不能屈从于这种压力，干所谓用牺牲儿童的童年换取儿童的成年的傻事。

老百姓重视教育、支持教育、关心教育是好事，但也有其令人忧虑的一面，就是社会上对教育的"过度关注"会导致一种对教育的过度期待，甚至转化为一种教育浮躁，一种对教育的非常"苛刻的功利性需求"。特别是，当教育的非理性需求过于强大时，就会给教育界带来无法承担的压力，教育走向极端功利化在一些地方就会成为必然。

办好人民满意的教育，教育必须有"任尔东西南北风，咬定真理不放松"的定力。教育不是社会的"附庸"，教育与社会之间应该有一道"隔离墙"。 这里有两个方面的含义：一是教育是专业行为，教育不能人云亦云；二是教育既要善于倾听老百姓的心声，更要善于科学地引领老百姓的教育价值观。 教育绝不能屈从于社会和家长的压力，更不能一味地迎合社会和家长的要求。 因为教育有自己的独立性，教育既要为家庭负责，更要为社会、为国家负责。 每个家长的个体需求与国家的需求之间，就其价值利益取向而言，往往并不是完全一致的。 教育在满足老百姓的功利性需求时必须以满足老百姓的长远根本利益为前提。 或者说，教育必须承担起引领老百姓、引领社会需求的功能和责任。

家庭教育到底在孩子的成长中占多大比重①

　　我今天重新把我前几天写的一篇日记拿出来,是有感于朋友们在我的"博客"上留下了大量的关于最近发生的几起学生杀害教师事件的文章或反思。有人说,这是应试教育体制或制度造成的,有人说这不能归罪于我们的教育制度。其实,讨论这个问题不能就事论事,我们应该透过现象看本质,透过个案看事物的发展脉络和发展趋势。如此,我说过:丢掉了人文精神的教育,是没有灵魂的教育!我们的教育要寻找回家的路。教师不能没有尊严,教育不能没有人性。在这里,远离了家庭教育的学校教育,已经折掉了人文教育的一翼,进而剥夺了学生沐浴人性教育光辉最丰厚的土壤——家

---

　　① 这是我 2008 年 10 月写的一篇教育日记。我在修订这篇日记时联想到当下的教育,可以说,社会各界对家庭教育的重视与 12 年前相比已不可同日而语。人们谈到原生家庭问题,似乎都认可"一个问题儿童的背后必然有一个问题家庭"这样的观点。每每听到这样的观点,我心中就有一种无奈。重视家庭教育是对的,但面对一个个问题儿童,学校教育就没有任何责任,就真的无能为力吗?正因为如此,留下 12 年前的这篇日记,也许有点纪念意义。

庭生活。

——题记

儿童走进学校时有多少是问题儿童

2008 年 10 月 10 日上午，我从京师大厦前往新闻大厦。 一路上，我与一位家庭教育专家交流着教育的有关问题，从与他的交流中，我得到了许多有用的信息。

他说，张厅长，你认为家庭教育在孩子的成长中占多大的比例？ 我老实回答说，没有怎么思考过这个问题。 他说："专家们一般认为，占 30%。 我不是一个家庭至上主义者，但我认为，占一半以上。"

"那岂不是否定了学校教育的主导作用。"

"因为一个问题儿童的背后，都有一个问题家庭。"

"你这样认为，就让家庭背负的教育责任太大了。 你要知道，我们的儿童们走进学校大门的时候，有哪个儿童又是问题儿童呢？ 有多少儿童是问题儿童呢？"

对于我提出的这个问题，显然，这位专家也不好回答。

一个值得大力推广的做法:孩子接受教育前让家长先受教育

这位专家送给我一本书，是蒙台梭利的《童年的秘密》。

他还向我介绍了苏联著名教育家苏霍姆林斯基当年在他的学校里是如何开展家长教育的。这一点倒是我了解不多的。

他说：苏霍姆林斯基在每年都对下一年入学的儿童的家长提前一年进行培训，真可谓让孩子接受教育前，家长先接受教育。每年的第一课都是由苏霍姆林斯基本人或学校的德育主任上。对此，我感触很深。其实，中国的教育是颇有家庭教育渊源的。

首先，中国教育历来非常重视家庭教育，在中国教育史上，留下了许多的家庭教育方面的优秀著作；同时，在我国教育中，每个家庭非常重视家教，这不是今天意义上的"家教"，而是指每个家庭对孩子的教育都非常重视。因此，中国历来有"3岁看老"的古训，这绝对不是仅仅指小孩子日前显现出来的先天天赋对其一生的影响，也是指在家庭环境中已经投射给孩子的影响所显示出来的积极的一面。

其次，中国的传统美德教育，是在家庭这个环境中得到传承的。

但是，我们不能不痛心地反思：今天我们的家庭教育传统被大大地削弱了。一是孩子在家庭中待的时间越来越少，这自然就大大地削弱了家庭在教育中的地位和作用。这对教育、对孩子的成长都是极其不利的。

我们要恢复家庭教育在中国教育中的应有地位，千方百计地加强家庭教育。

我们也有大量的家长学校，或者说，几乎每所中小学中都挂上了家长学校的牌子。但是，我们不能不反思：我们的家长学校是学校吗？我们的家长学校教育有引领家庭教育吗？我们的家长学校在学校教育和家庭教育、社会教育之间架设起有效的桥梁了吗？我的回答是：没有，或者说，几乎没有。

我们应该学习、借鉴、推广苏霍姆林斯基的做法。

一个让人无奈的话题：家庭教育为何绕着高中走

"家庭教育你们做的也主要是小学和初中吧！"我问道。

"不，从幼儿园开始。"

"那么，高中呢？"

我们的那位专家也很实在，"我不敢，不敢去……"

"我们所有的改革，几乎都绕着高中走。这是一个非常可怕的教育改革现象，也是今天必须正视的、一个无法绕过的教育改革现象。"

"你知道吗？某某市的家庭教育搞得很好，但这个地方的应试教育也是最严重的。"

"你不说这个话题，我还真不好意思说呢。的确是这样，对此我们在工作中有很深的感受。"

"我特别希望你们通过指导家庭教育，让每个家庭都形成对孩子的未来的合理期待。我们每个家庭都认为自己的孩子是最好的，都希望走向社会的高端，但这不现实。教育不能引入市场机制，不能完全任其自由竞争，因为那样做的代价太大了，社会成本太高了，这个代价是国家、社会、家庭承担不起的，也是不应该的。

相反，建立对孩子的未来的合理期待，引导每个家庭帮助孩子走符合自己实际的就学与谋生之路，于国家、于社会、于每个家庭都是有百益而无一弊的好事。"

……

关注"排名"还是关注"学习"

最近，有很多家长在网上反映考试排名的情况。对于这些信息，我一直在苦苦思索这里面的正确与错误、科学与反科学，以及到底应该采取什么样的科学路径进行治理。

我想从一个家长对孩子考试排名连续下降的忧虑谈起。

孩子们为什么报喜不报忧

前几天，我接到一位家长朋友的电话，以下是我们的谈话内容：

"可怎么办呢？"

我说："又怎么啦？"

他说："今天与班主任通电话，才知道孩子上学期期末考试成绩在年级只排在 332 名。孩子的考试成绩在学校里的排名不断下降，真让人着急。"

"你才知道孩子的排名？"

"是啊！孩子一直没有告诉我。前几天,我问他的考试排名,他告诉我 260 名左右……"

"噢,没有告诉你真实的情况。这种报喜不报忧的情况,在今天的学生们中间是常有的事。我的孩子也常常是这样,考试成绩好了就告诉你,考试成绩不好就不说了,反正不到万不得已是不会说的。"

"你没有问问孩子为什么不告诉你考试的成绩?"

"我问啦。孩子说:'告诉你干什么呢? 反正考得不好,告诉了你,我一个假期都过不好,你的心情也不好,何必呢!'"

"那你前几天问他,他为什么还不告诉你真实的名次呢?"

"他说,三百多名与二百多名有多大区别吗,不都是考得不好吗?"

……

说实话,听了这对父子的对话,我倒是很欣慰。 孩子比我们现在的父母都清醒:

他知道,父母很关心他的考试成绩,他也知道父母对他的期望值很高,自己期末的考试成绩肯定父母不会满意,何必让父母不高兴呢! 在这里,我倒要给天下的父母们说几句话:今天的孩子为什么报喜不报忧? 不就是因为我们关注孩子们的考试排名多过关注孩子们的学习本身吗？ 说到底，报喜不报忧都是当家长的太关注孩子们的排名本身惹的祸。

这里，是不是也应该提醒我们的老师、学校，应该知道孩子们为什么反对排名、排队了吧。

孩子们知道，三百多名与二百多名没有太大的差别，在家长那里反正都是学习不好。 那么，怎么样才是学习好呢？ 就是班里排前几名，年级排前几名，就是最后能够考上重点中学、重点大学。 作为家长，我真的理解，但是，广大家长朋友们，一个班里的前几名有几个？ 一个年级的前几名有几个，考上重点高中、重点大学的又有几个？

……

考试之后，我们到底应该关注什么？

考试的功能不在于排名

其实，我知道，这个孩子平常的学习并不错。 不过，他不在学校的所谓重点班里，而是在普通班里。 从我的朋友处我知道，他的学习在班里一直排在前几名，这次期末考试孩子的成绩还排在班里前 4 名。 因此，在班主任眼里，在老师眼里，这一直是一个难得的好学生。 就拿作文来讲，孩子经常向自己的语文老师请教……

在刚刚过去的假期里，孩子的学习也抓得很紧，自己安排得很好。

对于这样的孩子，我们当家长的还有多少可指责的呢？ 其原因，不就是当家长的总在拿自己的孩子和全年级考试排在这个孩子前面的学生比吗？ 可怜我们的孩子！

光可怜不行啊！ 如何真正解放我们的孩子啊！

请看我和朋友的对话：

"孩子什么学科考试比较差？"

"语文、英语，语文才考了 82 分……"

"你没有和班主任、语文老师、英语老师沟通一下吗？"

"沟通了，人家都说，孩子不错啊，很好啊……"

"那你怎么对待孩子的学习，没有帮助孩子找找考试成绩不理想的原因吗？"

"找啦。这几天我跟踪孩子的学习，我看孩子学习文言文。我让他先自己阅读，我问他会了吗，他说，会了。我就让他给我讲解，结果什么也不会，字词都不理解……"

"英语呢？"

"我看也差不多，学习就是不扎实。我让他先看一篇英语短文，不一会就说自己会背诵了，结果连单词的意思都没懂……"

"那你怎么办呢？"

"我发现他的考试出错的地方，往往并不是别人认为难的题目,而是一些自己认为会的题目……我看就是学习不扎实,往往满足于一知半解……"

"这就对了,你找到了问题的关键了。"

"所以,我也不让他去上这培训班那培训班了,没有用,还不如老老实实地把课本学好。"

"我举双手赞同!"

……

这个家长很厉害,比我们当今许多当老师、当校长的厉害! 透过这段对话,我们能得到什么启示?

我们学校进行那么多的考试,那么频繁的考试到底为了什么? 这些考试的功能到底何在? 我们老师布置那么多的作业,老师能不能做到全批全改,能不能让我们的学生每一次考试都能反思自己的学习行为,都能够做到下次考试不犯同样的错误? 都能够通过考试或者作业,让学生知道自己学习哪些地方有进步,哪些地方存在问题,从而找到学习的方向和努力的路径……我觉得,在这方面,我的那位家长朋友做得真不错,真值得我们学习!

"排名"不会自动转化为学生的内在学习动力

说到底,考试的功能不在于排名,而在于通过考试肯定成绩，找出问题！只可惜，我们今天的考试功能似乎只剩下为学生分等级和排名了。在这方面，我们应该向我的那位家长朋友学习。

我记得，我当时上初中、上高中时，考试次数不多，但老师对每次考试结束之后的试卷分析与讲评都很重视。

我大学毕业到山东省教科所工作之后，从事的第一项重要的基础教育研究课题就是学习借鉴美国教育心理学家布卢姆的教育目标分类学和掌握学习理论，开展目标教学研究。目标教学特别重视借助科学的评价反馈机制，来分析学生学习中存在的问题，并进行及时的反馈矫正，防止知识的缺陷积累。那时，我们在实验定点学校组织单元达标教学，每个单元都有一个专门的课型，叫作单元反馈矫正课，就是每个单元学习结束之后，进行单元知识检测，对检测之后反映出来的问题，老师专门组织一节课，甚至两节课进行矫正性教学。

那时，这些考试或测验都是不排名的。

今天，我们的孩子不愿意考试、害怕考试，为什么？

考试，本来是对学生学习成果的正常检测和科学诊断，是帮助学生学习与进步的。可是，我们今天的考试在充当着什么样的功能？

排名——1、2、3、4、5……

分等——谁是好学生，谁是差学生？……

羞辱——把你的名次张榜公布，让那些学习差的学生抬不起头来，再让你不听话……

告状——把成绩通知家长，你的孩子学习成绩又下降了……似乎这成绩的下降与老师自己无关。

领赏——考试的成绩与自己的绩效工资直接挂钩啊！

……

当然，大多数老师可能抱着这样的想法，通过排名激励学生。可是，我想告诉老师们、校长们的是：考试成绩排名，对于学习好的学生与学习差的学生而言，排名是没有任何意义的。对于学习好的学生，他学习成绩本来就排在前面，没有什么激励作用；对于学习差的学生，反正自己学习差，无所谓，你愿意怎么折腾就怎么折腾吧！……

考试排名对于那些处于中间状态的学生呢？能不能起到激励作用呢？能。但这里有个前提，就是要通过考试，让学生知道自己进步在哪里，从进步中得到信心；让学生知道自己问题出在哪里，从这里找到努力的方向。

只有让中间状态、后进状态的学生，通过"考试之后的教育"，树立前进的信心，找到前进的路径，才能对考试排名在前的学生形成"威胁"，进而产生激励作用。

问题在于，我们当下的中小学教育，考试之后除了忙于各种排名、召开家长会"告状"之外，还有真正的"考试后教育"吗？

……

每次考试之后，关注如何改进学生的学习，胜过关注学生的排名 100 倍！

考试背后揭示的问题解决需要时间

除了科学地认识考试的功能之外，我们面临的另一个重要课题，就是如何把握考试的"度"。 我们不是要取消考试，而是要科学地把握考试的度。

学习兴趣、习惯与方法的养成是学生学习成功的根本

我总认为，教师教育教学的第一要务，不是教给学生多少知识或技能，而是要培养学生学习的兴趣、习惯与方法。 有了学习的基本素养，学生的学习才能事半功倍。 今天的教育，是一种颠倒的急功近利的教育，是只教知识，不教方法的教育，是一种"笨教育"……

学生对知识的掌握、能力的发展、情感的内化有一个过程

一个完整的知识点或知识单元的学习，短则需要一周，长则需要半个月，甚至更长时间，更不用说能力的形成与情感的内化了。 何况考试并不是只针对一个知识点……

考试所揭示的学生学习中存在的问题的解决有一个过程

考试中所揭示的问题，如果不给予学生相当的时间往往是

不会得到真正解决的。 比如，我们说一个孩子考试总是马虎，可下次考试，他还会马虎。 这是为什么？ 如果我们在一次考试之后发现了这样的问题，而不进行有针对性的学习与训练，这个问题是不会解决的。

综合性的测试，不能太频繁。 否则，我们不给学生留下消化知识、掌握知识、内化知识的时间，不给学生改变坏习惯、养成好习惯的时间，那么，学生的问题只能积累得越来越多，学生学习兴趣只能越来越差。

因此，频繁的考试对学生的学习与发展是无益的。

学校教育不能以考代学

学生的学习不仅仅是技能的掌握，更有能力的发展，情感的内化。 后两者绝不是仅仅通过频繁的考试所能实现的。

教育必须唤醒学生内在的人生追求

教育已远离了儿童的生活

这个话题与我们的教育价值取向有极大的关系。学校教育到底是干什么的？现在学生上小学是为了上中学，上中学是为了考大学，考大学是为了找工作。在这样一个话语体系里，根本没有培养人的问题，没有为生活做准备、为终身发展做准备的问题。当前我们的教育本身并不能成为生活的一部分，只有当教育和生活有了真正的内在联系，教育本身才更有意义，学生的学习也才更有兴趣；相反，当学生的学习脱离了生活和人自身的体验，学习就是枯燥的，孩子还有什么兴趣？学生只有在生活和实践中才可以体会到学习的价值是什么，比如他在课堂上突然解决了一个生活中的问题，他的学习兴趣立刻就可以调动起来。

所以我们现在最大的问题是回到教育本质上，教育是培养人的，教育应当让孩子们感受到当下教育的快乐，而不是工作之后挣大钱才快乐。 为什么孩子们感觉到今天的学校生活最苦、最累，因为他们所学的东西与生活有很大的距离，都是和自身体验没有直接关系的东西，这是我国教育面临的重大问题。

教育要唤醒孩子内心自我成长的需要

看待压力，关键要看清楚这种压力来自何方。 是自己内心的一种需要，还是家长、学校强加给他的。 当前学生感受到的压力多是系统体制下的压力，而不是内心自我成长需求所带来的压力。 这是当前基础教育面临的又一个重大的问题。

考大学是为了什么？ 不少学生认为，就是为了改变自己的命运，让父母和自己过上好日子，而没有把自己将来的事业，同国家和民族的未来联系起来，没有对国家未来的关心，更没有对人类命运的关怀。 这种教育缺失之后，便造成了孩子人生境界的短视。 他们没有内在自我发展动力，没有崇高境界支撑下的动力，所有的压力都来自学校、教师和家长强加的通过考学改变命运的压力。 这种压力对孩子的发展是极其有害的。 我们的孩子没有学会自我管理，因为学校教育、家庭教育、社会教育都没有给今天的学生提供独立自主能力成长的空间。

当我们培养的高中生缺乏学习兴趣、独立性和社会责任感的时候，我们的人才培养就是非常值得忧虑的。 我曾经提出"有大德才有大智慧"，大德是什么，是国家情怀、社会情怀、人类情怀，没有这种大德他就不会有大智慧。 钱伟长就是一个非常典型的例子，钱伟长是依靠历史和语文考了满分进入清华的，他的物理只考了五分，但是他却成了中国近代物理学的奠基人。 为什么？ 因为日本人入侵中国了，他要报效祖国，就毅然放弃了中文，改学了物理。 他没有物理学的基础，可他成了这个领域的大家。 这说明情怀和境界是决定人生和事业高度的重要因素，是推动人发展的不竭动力。 因此，所谓要给学生一定的压力，在我看来，就是要唤醒学生内在的追求，没有内在的人格的自我觉醒、自我意识的唤醒，外在的所谓各种压力，不仅对学生的学习与成长所起的作用是短暂的，而且对学生的终生发展是极其有害的。 不能不说，一些高中生离校时采取的极端发泄方式，以及不少高中生一旦进入大学就迷失方向、不愿意学习，就是这种恶果的直接体现。

减负不是我国教育改革的真正目标

我不赞同笼统地讲减轻课业负担这个说法。 我认为，应该改变学生学习的性质、结构和状态。 什么叫性质？ 从被动学习到主动学习。 现在学生的学习负担为什么重？ 因为是被动的，不是主动的。"结构"就是学习内容不能是单一的，必须是多元的。既有书本学习，也有实践学习；既有课堂学习，也有校外的学习；既有制度化学习，也有自主的学习。"状态"就是指学生的学习是有兴趣的，是有效率的，没有兴趣、没有效率的学习负担是无意义的。我一直在传播一个观念：中国教育改革的根本目标不是减轻负担，而是改变学生学习的性质、结构和状态，让每个学生每天除了正常的吃饭、睡眠、交际之外，都能过一种有意义的学习生活。

因此，谈到减负，只做"减法"，没有"加法"是不科学的，我们要减学生过重的、单一的、单调的、被动的知识学习负担，同时要增加学生长期缺失的社会实践、读书以及个性化学习的时间和空间。

中国学生缺失三种"素质"

我对中国教育有一种深深的忧虑。今天，中国的学生热情、独立、开放、自信，但却严重缺乏强烈的学习兴趣、独立性和社会责任感。学生的学习兴趣很重要，是学生最重要、最宝贵的学习素质，是引领、促进、保障学生有效学习、终身学习的重要品质；独立性，是学生在长期的学习、生活与实践中逐步形成的对自己的自主管理能力、对生活的自主处置能力、对问题的自主判断能力，等等；社会责任感，是学生对国家、对社会、对人类、对家庭所担负的自我使命。我个人认为，这是中国学生与国外学生在综合素质方面存在的最大差别。这三个要素又恰恰是创新人才培养的关键。

一个人的情怀和境界，不仅决定着一个人当下的学习，而且决定着一个人的人生和事业的高度。因此，学校教育必须唤醒学生内在的人生追求。

没有效率的学习，学习时间越长，学习成绩越差

爱孩子是人人都会的，对于父母来说这是本能。但是会爱孩子不是每个家长都能做到的，真正爱孩子是尊重孩子，要知道自己孩子的长处和短处。教育是有规律的，也是有方法和科学的，从整体上讲，家长的教育素养还应该进一步提高。当然，这不能一味地指责我们的家长，实际上学校的工作做得并不好。很多学校是挂着家长学校的牌子，但是很少和家长就教育孩子的科学问题真正进行沟通。比如，我们开了许多必修课、选修课，家长认为不必要，认为只要开好考试科目课程就行了。他们不懂得，课程就像一个营养菜单，讲究科学的结构和比例，这些都需要跟家长沟通。必须要让家长了解关于课程开设的科学知识：学 10 个小时未必比 8 个小时成绩高，如果缺乏学习兴趣、不讲学习方法、没有良好的学习习惯的话，学生的学习时间越长，学习成绩会越差。

"勤奋"是一个好品质，如果走在正确的道路上，勤奋会带

来好的效果，如果走在错误的道路上，一个人越勤奋，其恶果会越严重。 没有效率的勤奋，只能扼杀孩子的发展。

让学生享受完整幸福的教育①

一

今天，面对极端应试教育的猖獗，人们都在呼唤教育的回归。教育回归的本意何在？在我看来，最根本的，就是让教育回到其本来的功能定位——育人为本上来。

让我们回到东西方教育的源头，看看人类的教育从其本性上是如何定位的。

遥想 2500 多年前，孔子杏坛讲学，他教的是什么课程？是语文、数学，还是物理、化学？都不是，是礼、乐、射、御、书、数六门课程。周公制作礼乐以治天下，"礼"是用于维护各种人伦和道德的规范。"乐"是通过音乐、舞蹈、诗歌等艺术手段使学生从情感上接受道德的熏陶。礼乐互为表里，共同完成德育任务。"射"是射箭，"御"是指驾驭战车的技术，这两

---

① 这是我在 2012 年为齐鲁名师杨守菊老师的《生物教育人文论》写的序言。

项属军事技能。"书"包括识字和自然博物常识，相当于现代的文化科学知识。"数"的教学不仅指一般的数学知识，还包括记日、记月、记年的历法，甚至"八卦"也属"数"的内容。由此可见，孔子当年的课程设置、教育内容与今天的学科教育相差甚远，接近于现在的教育方针，每个科目都是指向整体育人的。同时，孔子又主张"弟子入则孝，出则弟，谨而信，泛爱众而亲仁。行有余力，则以学文。"这说明，孔子是把"学会做人"放在教育首位的。

与孔子同时代的西方哲人苏格拉底，是著名的古希腊思想家、哲学家，西方哲学的奠基者，他和他的学生柏拉图及柏拉图的学生亚里士多德被称为"古希腊三贤"。苏格拉底终生从事教育，广场、庙宇、街头、商店、作坊、体育馆，等等，都是他施教的场所；青年人、老年人、有钱人、穷人、农民、手艺人、贵族、平民，都是他施教的对象。这与孔子有教无类的教育主张颇为相似。不仅如此，苏格拉底也主张，教育首先要培养人的美德，教人学会做人，成为有德行的人；其次，要教人学习广博而实用的知识；再次，教人锻炼身体。他认为，健康的身体无论在平时还是在战时，对体力活动和思维活动都是十分重要的。健康的身体不是天生的，只有通过锻炼才能使人身体强壮。在教学的方法上，苏格拉底通过长期的实践，形成了自己独特的教学法——"产婆术"。他母亲是产婆，借此比喻自己的教学方法。他母亲的产婆术是为婴儿接生，而他的"产婆术"则是为思想接生，是要引导人们产生正确的思想。

透过孔子、苏格拉底的教育实践，我们看到产生于东西方不同文明背景下的教育，却追求着共同的本质——教人做人！

同时，我们清楚地看到，那时的教育没有当下意义上的分科教育。我想，这与当时人类科学发展水平必然联系在一起。这里，我们不能不提到苏格拉底学生的学生——亚里士多德。他是古希腊最伟大的哲学家、科学家和教育家之一，曾被马克思称为古希腊哲学家中最博学的人物，而恩格斯则称他是古代的黑格尔。亚里士多德一生勤奋治学，从事的学术研究涉及逻辑学、修辞学、物理学、生物学、教育学、心理学、政治学、经济学、美学等，写下了大量的著作，他的著作是古代的百科全书，据说有四百到一千部，主要有《工具论》《形而上学》《物理学》《伦理学》《政治学》《诗学》等。他的思想对人类产生了深远的影响，丰富和发展了哲学的各个分支学科，对科学做出了巨大的贡献。

显然，那个时代的亚里士多德是全才。也许正基于此，那时的教育是整体的、不分科的，处于"混沌的整体教育"阶段。从"混沌的整体教育"走向现在的"分科的教育"，是现代科学发展的必然产物，但这并不能改变学科教育作为育人手段的基本定位，或者说，学科教育整体育人的性质不应改变。

任何学科都应该是整体育人的。

二

我认为，没有离开人的教育：或培育人，或扼杀人。只传授知识的教育，只追求分数的教育，是撕裂人的教育，是扼杀人的教育。

今天，从国家对基础教育课程改革的目标诉求看，要求广大教师在教育教学中要关注学生的知识与能力、过程与方法、情感态度价值观的达成，这体现了国家对教育整体育人的根本要求。遗憾的是，或者受制于教育者应试教育的教育价值观，或者受制于教育者整体育人的教育实践能力，在现实的教育中，人们对知识技能目标的达成关注多，对情感态度价值观的目标关注少，甚至有意无意地忽视、放弃这类目标。杨守菊老师曾听过一节很精彩的高中生物公开课——染色体变异，但有一个细节却深深刺痛了她。为了增加学生对教学内容的直观感知，执教老师在教学中播放了几种遗传病（猫叫综合征、苯丙酮尿症等）的多媒体视频。"猫叫综合征"是第5号染色体短臂缺失引起的遗传病，发生率为十万分之一，在国内外均很少见。患儿一般表现为生长发育迟缓，头中央部畸形，哭声轻，音调高，皮纹改变等特点，并有严重的智力障碍，而其最明显的特征是哭声类似猫叫，并因此而得名。面对猫叫综合征患者的种种不幸，很多学生却发出了冷漠的笑声。此情此景，执教老师竟没有做任何的引导！

如何看待执教老师对这个教学环节的处理？ 杨守菊老师认为，换作是自己，会以换位思考的方式引导学生思考：如果那些人是自己的亲人或朋友或者我们本身，你还会觉得好笑吗？我们能为他们做些什么？ 相信学生们眼里流露出的更多的会是怜悯。 在这里，我想起了世界著名哲学家罗素曾谈到，简单而又无比强烈的三种热情主宰了他的一生：爱的渴望，知识的追求，以及对人类苦难的极度同情。 显然，那位老师放弃的是对学生同情与怜悯的这种善端的培养。 从这个意义上，我们完全可以说，那位老师在剥夺、扼杀对学生的人性的教育。

著名学者叶澜教授曾指出：把课堂教学目标局限于发展学生认知能力，是当前教学论思维局限性的最突出表现……具体地说，就是把生命的认知功能从生命整体中分割出来，突出其重要性，把完整的生命当作认知体来看待。 我认为，不能不说，这种知识本位的教育将人的生命整体仅仅作为认知体来看待的做法，割裂了人的认知与情感的完整与统一，在关注学生的认知发展的同时，却在不断地削弱甚至破坏学生认知发展的动力系统，进而从总体上降低学生认知发展的空间和无限可能性。 正因为如此，我非常赞赏杨守菊老师下面的话："教育不是捧上一张张高一级学校的录取通知书，而是培育出一个个有鲜明个性的活生生的人；教育不是追求百分之多少的优秀率，而是追求每个学生的活泼、主动的发展；教育不是汇报时的总结、评比时的数据，而是教师与学生共度的生命历程、共创的人生体验。"其实，当教育具备这些特性之后，当学生进入了人性成长的自然状态，当学生有了积极主动的进取心之后，所谓分数、升学，就是不请自到的自然成果，"无为而治"。 总之，在教育中关注完整的人，实施完整的教育，不仅不会影响学生的学习与发展，而且是整体效益最好、最高的教育。

三

远离了"人"的教育，是丢掉了灵魂的教育，是死亡了的教育！ 如此，教育就没有了激情，就失掉了兴趣，就远离了生命。

要让教育回归本质，就必须让孩子享受完整的教育。 只有完整的教育，才能培育完整的人。 完整的人的教育，有三根支柱：人、生活与交往。

实施完整的人的教育，教育者必须尊重人。 教育家艾玛逊指出："教育的秘诀在于尊重。"在执教"基因的表达"这一课时，杨守菊老师与学生有一段精彩的对话。 杨老师问："为什么我们每个人的相貌都不同？"学生答："因为每个人都有自己独特的脱氧核苷酸序列。""双眼皮和单眼皮，哪一个更好看？""双眼皮。""那么控制双眼皮的基因比控制单眼皮的基因要好吗？""只要不是致病基因，就没有优劣之分。""是的，只要是正常人，相貌是没有优劣之分的。 人类基因组计划表明，任意挑选两个不同民族的不同个体，其基因的序列差异不到0.1%。 但正是这极少数基因上的序列差异，才形成了地球上千差万别的芸芸众生。 在这茫茫人海中，我们拥有他人没有的遗传信息和相貌特征。'前不见古人，后不见来者'，你就是你，过去没有，今后也不会有。 你在世界上是绝对独一无二的。"正因为如此，每个人的生命都是独特而可贵的，都是值得人们尊重且必须尊重的。

实施完整的人的教育，教育必须回到学生真实的生活。 罗素早就指出:教育要使儿童过美好生活。 杜威更明确地提出，"教育即生活。"陶行知则认为，"教育要通过生活才能发出力量而成为真正的教育"。 正如杨守菊老师所憧憬的那样，学生们不必拘泥于课堂，禁锢于教室，走进生活，融入自然，兴致盎然地观察和实验，津津有味地学习和思考，在习得知识的同时，感悟生命的内涵，实现自身的成长。

实施完整的人的教育，必须充分地让学生通过交流分享彼此对人生的体验。 请看一位同学的"生命誓言"："感谢爸爸、感谢妈妈，感谢你们当初把我生下，给予我珍贵的生命。 感谢家人、感谢社会，感谢你们教我学习、培养我成长，让我成为一个大写的人。 生命是朵珍贵的花，她的绽放只有一次、唯一的一次。 在这里我要向所有关心我的人说，生命来之不易，我会好好把她珍惜。 我会孝敬父母、关爱家人，以感谢你们对我的养育之恩。我会努力学习、报效祖国，以回报社会对我的关怀。我会珍爱生命、迎接生活的挑战，让我的生命之花开得最美、最艳、最久！"

让学生享受完整幸福的教育，是每位教育工作者的神圣使命！

第二辑

教育·素养

从"物质人教育"到"精神人教育"

当代教育面临的最大挑战，就是全社会日益被极端功利主义的应试教育所绑架，使整个教育深陷单一的"物质人教育"泥潭之中无力自拔，让教育沾染上了日益严重的"金钱味""铜臭味"。

不要忘了我们为什么出发

黎巴嫩诗人纪伯伦曾经说过一段令人深思的话：我们已经走得太远，以至于忘了为什么出发。

我觉得，用这句话来概括当代中国教育的成就和存在的问题，再恰当不过了。

改革开放以来，我国在加快教育事业发展，普及各级各类教育，为广大人民群众提供教育机会、促进教育公平方面，取得了巨大的成就：人均受教育年限 10.8 年，在九个发展中世界人口大国中率先普及九年义务教育，2020 年高中阶段教育毛入学率已达 91.2%；高等教育进入大众化阶段，支撑了我国经济社会的快速发展，为建立人力资源强国奠定了坚实的基础，其成就令世人瞩目。

但是，我国教育存在的问题和挑战也显而易见。特别是，重智育轻德育，重考试升学轻人的全面而个性的发展，导致我国中小学生课业负担沉重，身体素质持续下降，创新精神、实践能力和社会责任感不强。

我国教育存在的上述弊端导致国民创新素质和人文素养不高，已成为我国经济转型升级、创新发展、社会和谐的重要制约因素。

基于此，党的十七大报告提出"育人为本，德育为先"；党的十八大报告进一步强调"立德树人是学校教育的根本任务"。

我们的教育不能忘了为什么出发，我们的教育必须尽快回归育人为本的轨道。

德育是当代教育面临的最大挑战

著名教育家吕型伟先生曾经说过："现在是地球变暖了，人心变冷了。德育是未来教育的最大难题，这不是我一个人的担心，因为这是个国际性的问题。如今，人类可以享受科技带来的成果，可以让飞天不再是梦想，可以克隆自己的生命，但是，有一个问题无法解决，那就是德育。目前，人类的道德不是在进步，而是在滑坡。"

那么，对于我国广大教育工作者来讲，当前德育工作到底难在哪里？我认为，以下几个方面是关键：

　　"物欲主义"正向整个社会蔓延。1977年，粉碎"四人帮"时，我国国民经济已处于濒临崩溃的边缘，人民长期处于贫困状态，吃饱穿暖成为人民群众的迫切期盼，发展国民经济，最大限度地释放生产力，让一部分人先富起来，成为我国改革开放的首要战略选择。正是在这样的背景下，提出了"以经济建设为中心""发展是硬道理"，等等，保障了几十年来我国经济社会的持续发展。但是，不能不承认，"让一部分人先富起来"，在释放国人的创造活力、促进社会生产力快速发展的同时，"向钱看"思想滋生，有的人为了致富，甚至突破了道德和法律的底线。当这一思潮从社会领域向教育系统蔓延时，中小学生道德成长面临的困境日益严峻。

　　物质文明与精神文明的"二律背反"现象日趋严重。18世纪法国思想家卢梭在研究古罗马时期的贵族生活时得出一个结论，即道德与社会的二律背反。卢梭认为，物质文明每前进一步都伴随着精神不平等的深化和道德的堕落。卢梭的研究揭示了人类社会发展过程中的一个普遍现象，就是在人类社会的发展进程中，物质文明的进步与精神文明的进步并不是完全同步的，有时甚至会出现物质文明越发达，精神文明越退化的现象。改革开放以来，国人在享受日益进步的物质文明成果的同时，却时时刻刻面临着物欲横流、道德滑坡带来的种种困扰。

全球化浪潮的冲击。 伴随着当代人类社会科学技术的迅猛发展，工业化进程的快速推进，交通工具的日益便捷，世界范围内物质产品生产、交换分工和贸易体系的加速形成，在全球范围内，各个国家之间的人流、物流、思想流，几乎进入了无障碍、无隔阂的时代，人类社会真的变成了一个地球村。 在这种背景下，东西方的文明范式、社会思潮、价值观、生活方式的交流、交融与冲撞，日趋激烈。

网络化时代的挑战。 信息技术革命推动下的网络化、信息化时代的到来，一方面，使信息和知识在人类社会传播方面，更加开放、公平、便捷；另一方面，人们的生活日益虚拟化，其信息、知识和思想的分享常常处于无"安全阀"状态，尤其借助网络快速传播的图像、视频，为当代青少年提供了唾手可得、数不胜数的感官刺激……这些因素对青少年的影响利弊互见。

单向度的教育造成了当代人精神世界的日益贫困

人有两个世界，即物质世界和精神世界。 教育在人的物质世界和精神世界的建构中发挥着巨大的作用。 这种作用，体现在对人的物质力量和精神力量的培育上。 人的物质力量是改变物质世界的力量，这里突出的是知识的力量改善个人命运、提高个人生活的价值。 在这里，教育突出的是人与外部世界的关系，是对人的物质力量的释放。而人的精神力量，则是改变人的内心世界的力量，这里，突出的是人的品格的力量、精神的力量。在这里，教育突出的是人与自身内部世界的关系，是对人的精神力量的释放。

我把着眼于人的物质力量培育的教育，称为"物质人教育"；把着眼于人的精神力量培育的教育，称为"精神人教育"。所谓"物质人教育"，从教育价值定位上讲，更多地强调教育的人力资源开发功能；从教育内容上讲，更多地强调知识和能力教育；从教育个人功用上讲，更多地强调教育改变命运。所谓"精神人教育"，从教育价值论上讲，更多地强调教育的文化意义，特别是人的人文素养教育；从教育内容上讲，更多地强调人的德性成长和人文教育；从教育的个人功用上讲，更多地强调教育对人的自我成长的意义。"精神人教育"，突出的是教育对人与内心世界的关系，强调修身与内省，释放的是人的精神力量。

当代教育面临的重大挑战，就是全社会日益被应试教育所绑架，使整个教育很大程度上深陷"物质人教育"泥潭之中无力自拔，让教育沾染上了很浓的"金钱味"。这种教育培养的人，由于精神发育不健康，在人生的长跑中，往往会得"三种病"：一是"犹豫症"，面对人生的各种抉择患得患失，人生的路迈不开步；二是"躁动症"，面对人生的各种诱惑没有定力，人生的路走不稳；三是"近视症"，面对人生的各种考验没有远见，人生的路走不远。

精神世界的培育离不开三个载体

一个民族，精神世界的培育，离不开以下三个具体载体：

传统文化教育。 一个民族一旦丧失了对本民族的文化崇拜，这个民族就没有了文化根基。 任何一个民族，要想自立于世界民族之林，都离不开文化自信。 中华民族伟大复兴的中国梦，自然包括文化复兴之梦。 中华优秀传统文化，是中华民族的精神命脉和文化标识，是滋养每个中华儿女心灵的最丰厚的精神产品。 必须大力弘扬中华优秀传统文化，将中华民族优秀文化基因植入中小学生的大脑。

理想信念教育。 一个民族一旦丧失了对本民族的信念崇拜，这个民族就没有了精神支柱。 任何一个民族，要想在日益激烈的世界竞争大舞台上站稳脚跟，必须有自己的理想信念，并通过系统完整的教育，将这种理想信念转化为本民族的价值崇拜，这就是要在全社会大力弘扬社会主义核心价值观，尤其需要在基础教育阶段为每个孩子打牢价值观的根基。

英雄人物教育。 一个民族一旦丧失了对本民族的英雄崇拜，这个民族就没有了国家正义。 任何国家的文化和价值观都不是虚无缥缈的，它既植根于这个国家和民族的历史文化之中，更浸透在这个国家和民族的英雄人物群体之中。 如果这个国家的国民，丧失了对民族英雄人物的崇拜与敬仰，无疑这个国家就丧失了正义感。

　　加强传统文化教育，加强理想信念教育，加强英雄人物教育，是培育精神富有的一代新人的必由之路！

素质教育是最大的教育公平

教育公平不仅是指教育机会的公平，更指广大人民群众子女所享受的教育条件、教育质量的公平。其中，教育质量的公平是最重要的教育公平。事实上，随着我国各个阶段教育普及程度的不断提高，我国教育发展的重心正日益从数量扩张转向质量提高。从这个意义上讲，实施素质教育是最大的教育公平。

在这里，教育质量公平的实现有"三个基点"：

素质教育是全面教育，不是片面教育

让每个孩子都得到全面发展，历来是党和国家教育方针的核心内容。

在中小学教育实践中，由于受功利主义的应试教育倾向的影响，现在的学校教育，特别是初中教育和高中教育，在不少地方日益严重地偏离了党和国家的教育方针，常常是"考什么，就教什么，怎么考，就怎么教"。在这种办学思想指导下，不考科目不开，音乐、体育、美术、德育、实践类课程受到极大削弱，以至于一些高中校长认为，每天让学生跑步二三十分钟，都感到这个时间浪费得让人心痛。

家长把自己的孩子送进学校接受教育，当然希望自己的孩子受到良好的全面的教育。对于目前的这种教育，人民群众既满意，又不满意。

满意的是什么？满意的是，这种教育满足了或者说迎合了社会各界老百姓对子女升学的需求；不满意的是什么？不满意的是在这种教育中，孩子的发展是片面的，是不适应社会对人的教育需求的。

有不少教育工作者认为：一个家庭就一个孩子，谁不希望自己的孩子上个好学校，上个好大学？从每个家庭的角度讲，人民群众的这种需求是无可指责的，是正当的。但是，我们也必须看到，人民群众也希望自己的孩子能够学到知识，能够在上个好学校的同时，有高尚的道德，有良好的习惯，有健康的体魄，有优雅的个性，……难道这不是事实吗？教育工作者有什么理由不正视老百姓的这种教育需求，有什么理由把全面完整的教育办成片面的应试教育？没有，没有任何理由！

让学校教育回到党的教育方针，全面贯彻国家课程方案，这是人民满意教育的题中应有之义，这是教育质量公平的起点。

素质教育是差异教育,不是统一教育

不能不承认,人的资源禀赋是存在着先天差异的。 从本质上说,理想的教育是最大限度地适应学生个性差异的教育,是促进学生先天素质得到最大限度发展的教育。

学过教育史的人都知道,像现在学校采取的班级授课制这种教学组织形式,是适应工业化社会对教育普及的需求,为了使更多的人得到教育的机会,于 17 世纪在欧洲出现的。 这种教学组织形式的最大优越性就在于扩大了受教育规模,但同时,也带来了另一个矛盾和挑战,就是如何让教育更好地适应学生的个性差异。 解决这一问题的办法:一方面,改革课堂教学组织形式,就是控制班额、减少教师的统一讲授时间、加强对学生的个别指导、实施小先生制、采取小组教学,等等;另一方面,就是在开设统一的基础性课程的基础上,尽量为学生开设更多的选修课程,给学生留下更多的自主发展的时间和空间,加强对学生个性发展的指导和帮助,等等。

长期以来,我国教育存在的一大弊端,就是中小学教育的统一性过强,而差异性不够。 基础教育新课程改革以来,为了打破统一的国家必修课程一统天下的局面,国家建立了国家课程、地方课程、学校课程等三级课程管理制度,与过去相比,较大幅度地提高了选修课程、实践类课程所占课时的比例,这对于促进学生的个性发展，培养学生的创新精神和实践能力具有重要的意义。 但是，由于某些地方存在的日益严重的应试教育倾向，我国基础教育课程改革的这种价值诉求在不少地方并没有得到全面落实。

素质教育在遵守国家教育方针，开齐国家课程的基础上，特别尊重学生的个性差异，主张通过学校课程和个别化教育，提供适合学生个性发展的教育，最大限度地满足学生个性发展的需要。 这种教育不同于当下的应试教育，一切以服务于学生的升学为第一要务，根本不关注学生的个别化教育需求，不能满足学生潜能发展的需要。

从适应学生个性发展的角度讲，教育越统一，教育的公平度越低，教育越多样，教育的公平度越高。 素质教育是最大限度地适应学生潜质的教育，是最公平的教育。

总之，让人人享受适合其资源禀赋的教育，是最具人性光辉的教育，是最公平的教育。

素质教育是成功教育，不是淘汰教育

我一直认为：办人民满意的教育，不是让一部分人满意，让一部分人不满意。 因为"人民"这个概念历来是一个集合概念。 可是，我们现实的教育呢？ 不能不说当下的不少地方到处弥漫着面向少数学生的精英教育的思潮，以至于有些地方甚至到了"好学生人见人爱，差学生人见人烦"的境况。对于这种现象，我曾经在一篇文章中谈道：现在，不少地方的高中教育是一种什么教育，是一种面向少数学生的残缺不全的精英教育；是一种扭曲了的教人出人头地的功利教育……这种教育哪里有一点平民教育的味道，哪里有"有教无类"的影子！君不见，为什么在一级一级应试教育的台阶上倒下了一批又一批学生：有的干脆离开学校，从此不愿再坐到书桌旁；有的虽然还坐在教室里，却早已沦落为陪"太子"读书一族；有的一天天过得实在了无兴趣，不得不通过各种违反学校规定的异常行为去"反抗"这当下的教育……

说到底，现在的教育，有不少变成了淘汰教育，教育的功能似乎就是在学校教育的不同阶梯上，通过所谓的考试，将一批批学生淘汰掉。这种教育公平吗？这是教育最大的不公平！

素质教育与此相反，它所追求的是成功教育，不是淘汰教育。所谓成功教育，就是按照国家教育方针和国家课程方案的基本要求，关注每个学生的进步和发展，尽量让每个学生都能达到国家课程方案的基本要求。在这里，素质教育是彻底的平民教育，大众教育，是真正的让人民满意的教育。

素质教育是面向全体学生的全面教育、差异教育、成功教育，是实现教育公平的基石，是最重要的教育公平。

素质教育的教育观断想

不走进家庭生活的教育，不是真正的家庭教育

谈到山东省的素质教育，大家都知道，2008 年山东省在规范办学行为方面下了很大的功夫。我们的基本做法就是，节假日、双休日、晚自习不准上课，把时间还给孩子。对于这一点，至今还有不少人士、不少家长不理解。其实，道理很简单，教育不是学校能够包办的。中小学生的健康成长必须以学校教育为主导，以家庭教育、社会教育为两翼。

今天许多人对孩子的道德成长、责任感的缺失，甚至对孩子不理解父母，不感恩父母，表示了极大的担忧。不能不说，出现这种现象是家庭教育缺失、缺位的必然结果。对于今天的孩子来讲，还有真正的家庭教育吗？我们这样说，有许多家长可能会觉得很冤枉，父母在孩子身上花的时间不是比过去更多了吗？其实，在孩子们身上花的时间多，并不意味着有家庭教育。如果当孩子们回到家后，家长们只关注孩子的考试成绩，

只督促着孩子们学习、做作业，一句话，只承担看管孩子学习的角色，而不让孩子走进家庭生活，就没有真正的家庭教育。想一想，我们的孩子回到家后，参与家务劳动吗？有与父母愉快沟通的时间吗？有孩子与父母一起活动的时间吗？有共同读书的时间吗？……

今天的家长用于孩子教育的时间不是多了，而是少了。家庭教育的缺失，是当今教育的一大弊端。

与此相联系，社会教育更是严重缺位。

都拼命用那个已经破了的网打鱼，
而没有人愿意去做补网的工作

关于孩子的教育，我们经常能听到这样的声音：你看，我的孩子这次考试成绩又不好，丢分的地方都是他会的地方，而一些难题却做得不错。家长们只知道孩子学得不扎实，甚至还为孩子的聪明而沾沾自喜。可怕的是，孩子在每次考试后，几乎都会出现同样的问题。

这就不得不引起我们教育工作者的反思了。同样的问题，为什么会反复出现？这不能不说，与我们教育的急功近利有关。

考试中，容易的题目、会做的题目却常常丢分，反映的问题是什么？无非是孩子学习不认真，不扎实，而不认真、不扎实的背后，反映的是学生的学习习惯问题，即缺乏认真审题的习惯，缺乏认真检查的习惯。 这样的问题要解决，关键在于老师们在每次考试之后，要针对孩子存在的问题进行有针对性地分析与矫正训练。 问题是，学生们每次考试之后，老师们用于试卷分析的时间，特别是用于每个孩子的针对性分析的时间有吗？ 更不要说，对每个孩子存在的问题的针对性分析和矫正性训练了。

其实，我们反思一下，在当下的教育中，孩子们在学习兴趣、学习习惯、学习方法以及各个学科知识掌握的序列上，存在各种各样的问题，有多少老师能够认真地帮助学生去矫正，更没有多少老师愿意停下正常的教学，去帮助学生把这些缺陷补上。 一句话，今天的老师们都拼命用那个已经破了的网去打鱼，而没有人愿意去做补网的工作。 仔细想想，你用那个已经破了的网，再卖力气能够打多少鱼呢！

学生成长道路上的这种"发展性缺失"，正在严重地影响着孩子们的健康成长。

只想用刀去"砍柴"，而没有人愿意去"磨刀"

我是在农村长大的。 当时纯朴的农民生活方式与生活境遇给我留下的那些耳濡目染的教育，对我影响最大。

我知道，每当夏收季节到来的时候，要割麦子了，家家户户都要在开镰之前磨磨刀。 那时，你听吧，磨刀石与镰刀摩擦发出的声音，可能是农民最愿意听的、最动听的交响乐了。 因为，那美妙的声音，意味着农民们期盼着的丰收时刻即将到来，意味着一年到头，又可以马上吃顿白面馒头了。

磨刀干什么？ 农民们都知道，"磨刀不误砍柴工"。 把刀磨得亮亮的、快快的，虽然开镰前要用些工夫，但平常已经生锈的钝刀，经过打磨，会变得锋利无比，用起来会虎虎生风，干起活既带劲，又快捷。

可是，想想我们今天的教育，却陷入了"只砍柴，不磨刀"的尴尬境地。

明明知道，孩子们不会学习，可老师在课堂上不管，只管讲自己的。

明明知道，孩子们不喜欢学习，可老师在课堂上不管，只管讲自己的。

明明知道，孩子们不会做作业，可老师不管那些，管他会不会，布置下去就没有错。

……

"只砍柴，不磨刀"带来的结果，是学生"学习动力系统"的缺失，学生的学习必然是"事倍功半"。

只想吃"细粮"，不让孩子吃"粗粮"

课程是课程专家为学生们提供的营养配餐。 按说，学校应该开齐、开足、开好课程，学生应该全面修习这些课程。可是，在应试教育的驱使下，有不少学校只开设高考应考的科目，其他科目尽量为应考科目让路，要么不开，要么少开。在这种情况下，学生的全面发展不见了，学生的综合素质削弱了。不仅如此，这种破坏了正常的课程结构的学习，一是非常单调，导致学生学习兴趣下降；二是学生的学习能力下降；三是学生的创新精神、实践能力的发展时空被剥夺。

显然，保障学生全面发展的课程结构的破坏，不仅影响学生当下的学习，而且影响学生的终身发展，以及学生用以安身立命的综合素质。

这正像人们的日常生活，海参营养再好，天天吃海参也会吃腻的；海参营养再丰富，天天只吃海参，也会导致学生的身体营养不良。

到了我们的教育，真正正视课程结构缺失给学生的发展带来的严重后果的时候了！

只让孩子吃"桌饭"，不让孩子吃"自助餐"

中国的教育特别强调统一性，强调对学生的控制。走进学校，你会发现，当今的教育从早到晚，都把学生的时间给控制了。可以说，学校对学生时间的控制已到了无以复加的地步。

控制学生时间的方式大概有三种：一是统一的上课，二是统一的分学科自习，三是统一的作业。

本来，自习应该是学生自己学习的时间和空间。可当下的学校，把这天然属于学生自由支配的时间也分配给各位学科老师了。

在这种教育生态之下，我们的孩子们所接受的教育，越来越统一化、同质化了，何谈什么个性发展？不仅如此，这种教育同样在扼杀学生学习的兴趣，同样在扼杀学生的发展。因为孩子们既没有了扬长补短的时间，也没有了查漏补缺的时间。

这种教育只让孩子吃"桌饭"，不让孩子吃"自助餐"，其结果必然是学生学习主体性的缺失！

可是，当我们主张把节假日、双休日、晚自习还给孩子们之后，孩子们一时就像被长期关在笼子里的小鸟，虽然天天想着冲破"牢笼"，到外边的世界自由飞翔，可被关得久了，一下子又不会飞了。这时，有些人不认为这是长期"禁闭"小鸟的恶果，却天天抱怨将这些小鸟放出去的人。天理何在？

我们不但有解放孩子的责任，我们也有引领孩子们去享受被解放的幸福的神圣使命！这就是：帮助孩子们学会自主安排、自主管理自己的自由时空。

从深度学习走向核心素养①

现在，有两个热词正在流行。一个是核心素养，一个是深度学习。这两个词同时在中国基础教育界流行有其必然联系，可以说是一枚硬币的两面。其中，核心素养是教育改革的目标，而深度学习则是实现核心素养教育的路径。

什么是深度学习？

深度学习是高阶学习

说起20世纪80年代中小学最广泛的一场教学改革，那么，无疑是借鉴美国教育家布卢姆的目标分类和掌握学习理论而开展的目标教学。

那时，布卢姆把教育目标分为6个层次，其中，记忆是最基础的，然后是知识的理解，第三个层次是知识的运用；第

① 此文是根据我于2016年11月6日所做的学术报告记录整理而成。

四、第五、第六层次分别为分析、综合、评价。在实践中，大家认为"分析和综合"实际上是一个事物的两个方面，是整体的不可分割的。

后来，学者们对这个目标分类体系进行了修正，从低到高，依次分为：记忆、理解、应用、分析、评价、创造。30年前，我参与那场教学改革时，大家认为记忆、理解和应用是基础层次的目标。到现在为止，可以说，我国整个中小学课堂教学的核心还是在这样一个目标层次上进行。当时，我们把"分析、综合、评价"等目标作为高层次目标，认为这些目标的实现是相当困难的。

30年后，在学术界、教育界大家形成了一个共识，"分析"就是解析事物整体和内在的逻辑关系；"评价"则是对事物价值准则的内涵的一种认知；而"创造"则是指学习的一种高阶品质。后来，人们提出高阶学习，就包括了"分析、评价和创造"三个层次的学习。

深度学习是"在现实世界中创造和运用新知识"

加拿大著名教育学者迈克尔·富兰曾经提出一个非常著名的观点：教育改革决定于教师。最近，我学习了他和美国学者玛丽亚·兰沃希的一本新著，名为《极富空间：新教育学如何实现深度学习》。

这本书对深度学习有一个定义，所谓深度学习就是"在现实世界中创造和运用新知识"。围绕这一定义，两位学者把深度学习的任务概括为"6C概念"，认为这"6C"是一个人的发展最关键的未来技能：

品格教育（Character education）——诚实，自律，有责任感，努力工作，毅力，对他人安全和利益的关注，自信，个人健康管理，事业和生活技能。

公民意识（Citizenship）——全球化知识，尊重其他文化并具有敏感性，积极参与到人类和环境可持续发展的问题中。

沟通交流（Communication）——能够通过语言、文字和运用数字工具有效交流，倾听技巧。

批判思维与问题解决（Critical thinking and problem solving）——在设计和管理项目时能辩证思考，解决问题，运用数字工具和数字资源做出有效决策。

协同合作（Collaboration）——与团队一起工作，与团队一起学习并为之做贡献，社交网络技能，能够很好地与不同性格的人合作。

创造力与想象力（Creativity and imagination）——经济方面的和社会方面的创业精神，接受并追求新想法，引领行动。

什么是核心素养?

今天,我们之所以提倡培育核心素养,是因为未来的社会是极其复杂的。然而,长期以来服务于考试升学的所谓应试教育,关注的重心始终是确定的有明确答案的教育活动,这种帮助孩子掌握知识技能、寻找正确答案的教育,并没有为孩子们提供应对未来社会复杂挑战的品格和能力。这是我国教育面临的重大挑战。

2014 年,《教育部关于全面深化课程改革落实立德树人根本任务的意见》指出:"研究制订学生发展核心素养体系和学业质量标准。"这成为今后一段时期我国基础教育改革着力推进的关键领域之一。所谓核心素养,是指学校教育应给予我国未来公民的应对未来社会挑战必须具备的关键品格和必备能力。不过,每个公民最终达成的"核心素养"水准是各不相同的。

2016 年 9 月 13 日,《中国学生发展核心素养》正式公布。包括文化基础、自主发展和社会参与三个领域,每个领域又各自分为三个方面,每个方面又分为三个具体要求,这样就构成了中国学生发展核心素养体系。

长期以来,大家一直在讲素质教育,那么今天讲核心素养,与素质教育是什么关系? 我认为,核心素养是关于素质教育目标体系的新认识、新定位,是实施素质教育的新要求。 具体而言，构建当下中国学生发展核心素养体系，具有以下四个方面的重要意义。

一是将教育方针具体化。很遗憾，长期以来，在教育教学实践中，许多校长们对全面发展的教育方针并不是很认可，认为孩子怎么能全面发展、科科都好呢。核心素养把党的全面发展的教育方针要求具体化了，特别是明确了 21 世纪中国学生应该具备的核心竞争力。

二是将国家课程目标具体化，为学科核心素养的确定建构了上位价值体系。

三是为学科课程教学从知识技能导向转向素养导向提供了具体的价值引领，有助于推动学科教学走向深度学习。

四是为建立学科学业质量标准提供了学科目标体系，奠定了学业质量标准研制的理论基础。

如何通过深度学习培养核心素养

调整教学关系，让学习真正发生

由教师中心改为儿童中心，杜威曾经说过："这是一种变革，这是一种革命，这是和哥白尼把天文学的中心转到太阳一样的那种革命。在这里，儿童变成了太阳，而教育的一切措施则围绕着他转动，儿童是中心，教育的措施便围绕他而组织起来。"

30 多年前，我在大学里学习教育学时就开始纠缠一个问题——教师主导和学生主体到底是什么关系。在明远书院成立大会上有一场关于"从教到学——学校需要哪些改变"的高端对话。对话的主角恰恰是当年教为主导、学为主体的倡导者顾明远先生和日本著名学者佐藤学先生。顾先生总结自己当年教学的经验说："学生愿意学，就学得好；不愿意学，就很难学好。不把学生放在主要地位，很难提高教育质量。"佐藤学先生说："'课业研究'的中心不是研究教师怎么教课，而是通过看课堂上孩子的表现、学习方式，来改进教师的工作方法。不是研究教的技巧，而是研究孩子怎么学的。只有以学生为中心，课堂文化、学校文化、教研文化才能真正发生改变。"显然，学生是教学矛盾运动的主要方面，学习是学生自己的事情，教师教学的主要任务不是教学生学习知识本身，而是教学生如何学习，教学生主动学习。

调整课程结构，建构教育生态

我是 1981 年从农村考上大学的，深感老百姓最懂得"种瓜得瓜，种豆得豆"。谈到如何培养孩子的核心素养，无疑有什么样的课程就有什么样的教育，就有什么样的核心素养。

2005 年，济南章丘四中聚焦科技创新教育，致力于学生创新意识、创新思维和创新能力培养的探索，开创了全员性课程化创造力培养之路。迄今，已有 15000 多名学生系统接受创新教育，形成创意 40 多万个，获得国家专利 6000 多项，在各级各类创新大赛中获奖上千项，创新成为章丘四中学子的典型特质，创新教育成为章丘四中享誉全国、影响全国的鲜亮特色。

推进课程改革，调整课程结构，创建良好的教育生态，有三个重要维度。一是处理好必修与选修的关系。要打破必修课程一统天下的局面，适当增加选修课程，为每个孩子提供其适合的，能够满足和调动其学习兴趣的课程。为此，在中小学我们曾经提倡每周为孩子提供半天自主选课日。有条件的学校，希望从半天逐步到一天、两天、两天半，也就是最终做到从周一到周五，每天半天必修课、半天选修课。二是处理分科课程与综合课程的关系。系统的分科课程强调知识掌握的系统性、完整性，是我国基础教育的优势，但是面对未来社会的不确定性和复杂性，尤其需要通过开设跨学科综合课程培养学生的跨学科素养。在这方面，我们需要学习借鉴美国的 STEAM 教育、芬兰的现象教学改革等。三是正确处理知识课程与经验课程的关系。1999 年，中共中央、国务院《关于深化教育体制改革全面推进素质教育的决定》中有一条重要教育原则，就是坚持书本学习与实践学习相统一。其实，"读万卷书，行万里路"一直是我国教育的光荣传统。今天，一个孩子要找到自己的未来道路，没有实践探索，没有丰富的经历是不可能的。加强综合实践课程，是我国中小学教育教学改革的必由之路。

调整教学活动，聚焦思维教学

教学活动的核心是什么？ 德国著名哲学家黑格尔说过一句话：人是靠思维站立起来的。 今天，我们要从浅层教学活动转向深度教学，最关键的是教师的教学不能停留在组织学生学习掌握知识技能本身，要在学生对知识记忆、理解、简单应用的基础上把教学推向高阶思维教学。 山东省泰安实验中学著名特级教师崔成林曾经总结概括出了现代名师课堂上最经典的六句话：

---

1. 你（组）自己的思路是什么？ 理由是……

2. 你（组）是怎样想出这一答案（方法）的？

3. 你（组）和他的答案相同吗？ 如果相同，请说说他的思路；如果不同，请说说你的想法。

4. 谁有补充？ 谁能纠正？ 这种说法有没有问题？

5. 谁有不同的思路？ 谁还有新的解答方案？

6. 这种方法行不行呢……如果不行，假如从……思考行不行呢？

如果说，这六句话是名师们打开课堂深度思维教学之门的"金钥匙"，那么，决定着这把"金钥匙"有没有点石成金的魔力的，是学生对知识的加工水平和加工方式。 或许可以说，学

生课堂思维探究的深度和广度与学生知识加工的内容范围和方式有关。 我认为，教师组织学生学习要最大限度地突破就课本和教参本身进行知识学习的局面，要更多地组织学生进行以下知识加工：

1. 基于教材的开放式知识加工。

2. 跨学科知识加工。

3. 基于学生自身生活经历的知识加工。

4. 对知识的应用性加工。

5. 对知识的设计——生产性加工。

6. 对知识的创新性加工。

调整教学评价，保障高效教学

在纪念全国目标教学改革 30 年研讨会上，上海教科院顾泠元先生认为，依据教学目标的教学评价活动，始终要与教学过程平行互联。 他认为，必须改变原先备课→上课→作业→辅导→评价的线性模式。 教学过程中要始终关联着教学评价，包括学生的学习准备、老师的引导过程，学生出现疑难老师怎样处理等。 这是目标教学引发的必然的评价变革。 这启示我们，现代教学评价要从过去的"秋后算账"，嵌入整个教学过程，伴随整个教学过程，反馈支撑整个教学过程。 这对教师的评价意识、评价能力提出了越来越高的要求。

优化技术应用，建立学习社区

今天，人们都在讲未来是互联网时代，互联网时代的技术革命对教育变革提出了重大挑战。问题是，迄今为止，互联网技术在教育领域的应用到底在干什么？加拿大学者迈克尔·富兰和美国学者玛丽亚·兰沃希认为，截至 2011 年的数据表明，科技主要还是以基础的方式被运用着——仅仅用来支持传统的教学而不是合作与知识创造。他们主张，应让数字化工具与资源更好地服务学生的学习，并建立师生之间、教师与教师之间、学生与学生之间甚至学生与父母之间的学习共同体。无处不在的数字工具和数字资源使深度学习成为可能，通过扩展学生联系教师、同伴或其他人的时间和空间，便能够随时随地获取想法、反馈、指导和进程评价。学习因此变得更加社会化，并与针对人们如何学习的现代研究和理论联系起来。在这里，基于学习共同体的互联网技术应用于教育具有六大任务：

1. 发现并掌握新的学科知识。

2. 合作与共同学习。

3. 新知识低成本的创造和循环。

4. 运用新知识解决实际问题。

5. 加强教师让学生掌控学习过程的能力，加速学习自主性。

6. 促进学生学习的个性化。

做敢于直面"真教育"的勇士①

　　今天的教育改革是一场没有硝烟的战争！ 在这场战争中你面对的敌人，不是拿枪的人，而是被极端功利主义所绑架的现行教育教学体制、在这种教育教学体制下获益的集体和个人、被落后的教育观念所"钳制"的集体或个人……这种教育格局的形成有着历史、传统、文化与现实层面的各种复杂的原因和背景，这种格局的改变同样是一个历史的过程，同样需要先行者的牺牲和探索，这里的"牺牲"，有时不仅仅是"奉献"……

　　面对这样的挑战，我们需要一批教育改革的"勇士"！

救救我们的教育

　　今天的教育，是"真教育"吗?

　　教育到底为了什么? 无论怎么说，离开了人的教育，都不是"真教育"。

---

　　① 此文是根据我 2008 年在山东省教师教育学会校长领导与学校发展研究会成立大会上的讲话整理而成。

今天的教育，几乎每个细胞都写着两个字：功利。

今天的教育充满了功利。 我们许多教育工作者刚刚陪伴着学生从硝烟弥漫的高考考场上下来。 在现实的教育中，有多少老师告诉学生："你现在不要玩，考上大学后你有的是时间玩。"

我们又有多少老师常常告诉孩子："知识改变命运，升学高于一切。"今天的知识真能改变命运吗？ 没有知识不行，仅有知识就能改变命运吗？ 我想，没有内心世界精神的丰满，同样改变不了命运。 可是，我们有多少学校和老师在蛊惑我们的学生。 你为什么不告诉我们的学生，今天的大学功能已不同于以往的精英教育阶段，大学不仅在培养"坐办公室的"，更在培养普通劳动者——工人、服务员……你为什么不告诉我们的学生，今天的大学生就业还存在着许多困难，有不少学生找不到工作……

今天的教育，是靠强制来"捆绑"老师和学生的教育。 我们的教育不是基于学生对学习的兴趣，而是靠外力来强制的。今天我们的教育有多少条条框框在强制着学生们学习，有多少学校在用强制的制度来捆绑我们的教师和学生？ 不唤醒学生内在学习积极性的教育，是真正的教育吗？

有一次，我到一个县督导，早晨锻炼时顺便与在街上遇到的学生交谈。 其中我碰到了三个五年级的小学生，我问他们："家长让不让看电视？"一个小胖子说："贴封条了。"另一个小胖子说："断电了。"第三个有些瘦小的学生说："让看，但有控制。哪些可以看，什么时间看，都有规定。"

我赞成第三位小学生家长的做法！可是，我们有多少家长、学校、老师在教育中采取的都是前两位小学生家长的做法——靠强制来督促学生学习，根本不管你愿意不愿意，高兴不高兴。

有人指责，节假日、双休日不上课后，有些孩子到网吧去了，认为这是素质教育带来的恶果。我说，错了！这是长期控制孩子、不培养孩子自主管理能力的结果。一句话，是远离了培养人的应试教育的恶果！

今天的教育充满了太多极端片面的东西！全面发展的教育在学校还有吗？有多少？

有的校长说，我们难道不知道体育锻炼重要吗？可我们舍不得那 20 分钟。因为 20 分钟能做一道题，能背诵一个片段……

今天的教育，有多少学校在教我们的孩子撒谎？比如，有些学校搞文理分科，但为了让没有学习过相应学科的学生过关，有多少人帮助学生在学业水平考试中作弊？有多少学校在迎接各种督导检查前组织孩子撒谎？琢磨上级调查什么，提前让学生做相应的问卷调查。有多少学校有两张课程表？试问，这样的校长有资格做校长吗？可是，现实中却偏偏有不少学校充满了这些反教育的东西。

今天的教育，切断了教育与生活的联系。 不让孩子走出校园，不让孩子走进社会，固然有担心学生安全的原因，但不能不承认，把学生圈在学校里，让孩子们更多地上课、做作业，更有利于升学。 这种教育几乎完全切断了教育和生活的联系，切断了孩子们获得智慧的源泉。

今天的教育，缺乏了科学。 有多少老师和班主任，容忍孩子加班加点，支持孩子加班加点？ 在高考巡视期间，有一位学生家长告诉我，她在与孩子的班主任交流时，说孩子八九点钟完成作业后就休息了。 可这位班主任在班会上直接说有的家长很不负责，让孩子八九点钟就睡觉了。

……

今天的教育到底缺少了什么？

我在想，在极端功利主义的教育价值观主导下，当今的中小学教育到底缺少了什么？ 我认为，我们的教育说到底缺少了人，缺少了人的教育，远离了教育的根本宗旨——培养人！

党的十七大提出：教育要坚持"育人为本，德育为先"。中国的教育就其传统而言，就是一直坚持先教人做人、后教人读书的。 但是，当今的教育，却丢掉了中国教育的这一光荣传统，远离了教育以育人为本的根本宗旨！

教育要以人为本，而不是以升学为本，更不是以知识传授为本！以此观之，我们不能不说，当今的中国教育缺少了，至少在总体上看缺少了以下八个方面的教育：

今天的教育，缺乏了德育

教育要坚持育人为本，从中国传统文化的主流来讲，儒家文化历来强调教育要培养君子。什么是君子？孟子曾说："仰不愧于天，俯不怍于人。"

中华人民共和国成立后，我们的教育方针强调要培养德智体全面发展的人。在当下的中小学教育中，我们还坚持德育为首吗？

在这里，我们要大声疾呼：教育必须回到"育人为本，德育为先"的光荣传统上来！

今天的教育，缺乏了美育

我们的中小学音乐、美术教育，十多年到底培养了孩子们什么样的艺术修养？

2008 年 5 月初，我到菏泽一中调研。这所高中的音乐、美术、体育"走班教学"搞得不错！在那里，我遇到了毕业于曲阜师范大学的一位小师妹，她在这所学校教美术，课程开设了国画模块。她告诉我："18 个课时的国画教学，可以让高中生学会画国画。"我在想，仅仅 18 课时，就能让高中生掌握一门绘画技能，就能打开高中生走进艺术殿堂的一扇大门，就能让我们的下一代在日常的工作和生活中有一种良好的艺术修养，这种教育的价值我们为什么不重视？ 由此，我在想，一个模块的艺术教育，是不是可以改变人的一生和这一生的生活品质？

我历来主张，艺术教育不是特长教育，而是面向人人的大众教育。 可是，我们有很多学校，有很多教育工作者，却把艺术教育搞成了所谓的特长教育，把艺术教育当成了跨入大学门槛的"敲门砖"。 这样的教育，是不是仍然是功利的？ 是为升学服务的？

我们不能不反思，今天学校的艺术教育，从小学到高中上了那么多音乐课、美术课，到底给了孩子们什么？

今天的教育，缺乏了体育

我们有多少学校体育课开得很不正常？ 有多少学校的住校生不上早操？ 有多少学校的课外活动常常被老师的讲课所占据？

……

今天的教育，缺乏了"心育"

我一直在想，教育是什么？ 教育学上说，教育是培养人的活动。 可是，教育是通过什么样的活动来培养人的呢？ 教育是通过人文性活动来培养人的，教育是师生心灵沟通的活动。

可是，今天我们有多少老师还能真正走进孩子的心灵？

到底什么样的教育教学活动能给一个人的学生时代留下终生难忘的印象？能留下深刻印象的往往不是在课堂，更不是做作业时，而是课外与老师的交往，课下老师对学生的教育与沟通。

我忘不了我的高中老师，在周六放学之后送我回家时的目光，向我频频挥手的身影！

我更怀念上高中和大学时，班主任、辅导员和我们一起晨跑的时刻。

今天，我们不能不深情地呼唤：让每个老师尽可能多地走进学生的心灵。

今天的教育，缺乏了"群育"

本来，集体主义教育是中国特色社会主义教育的优势和传统。可是，今天我们的集体教育在哪里？

老师与老师之间、学生与学生之间，在教育教学上相互封锁……因为荣誉、奖金的考核，是以班级升学率为依据的。

今天的教育，缺少了"书育"

苏轼在一首诗中说："粗缯大布裹生涯，腹有诗书气自华。"饱读诗书，可以使人气质高贵，气宇轩昂。

我们小时候没有书读，买不起书读，只好通过手抄本来读书。可今天的孩子们则是有书却不读书！不要说让孩子们博览群书了，即使是我们的教材配发的课外读物，又有多少孩子能够认认真真地读完？

今天的教育，缺乏了"思育"

孔子说："学而不思则罔，思而不学则殆。"

曾子说："吾日三省吾身。"

为什么我们的孩子们在学习方面消化不良？ 试问今天的教育，给孩子们留下思考与反思的时间了吗？

我们的孩子没有给自己留下一串反思的脚印，怨谁呢？ 怨老师？ 怨我们的教育？

再看看我们的老师，有多少人坚持写日记？ 有多少人坚持进行教育反思？

今天的教育，缺乏了"行育"

《礼记·中庸》说："博学之，审问之，慎思之，明辨之，笃行之。"

中国的教育历来强调"读万卷书，行万里路"；强调"纸上得来终觉浅，绝知此事要躬行"。

今天的教育有真正的社会实践吗？ 今天的孩子们了解我们的社会吗？ 今天的孩子对人生、对社会有自己的真切体验吗？

呼唤直面"真教育"的勇士

《中国教育学刊》2005 年第 9 期，发表了中国教育学会会长顾明远先生的文章——《又该呐喊"救救孩子"了》。

八十多年以前，鲁迅在他发表的第一篇白话小说《狂人日记》中就发出了"救救孩子"的呼声，震撼了中国大地。鲁迅是要把孩子从封建礼教中解放出来，让他们幸福地度日，合理地做人。但是，谁也没有想到在八十多年以后的今天，在封建礼教已经被推翻，孩子们本来可以幸福地度日、合理地做人的时代，却又要呐喊"救救孩子"。今天的"救救孩子"不是要把孩子从封建礼教中解放出来，而是要把他们从"考试地狱"中解救出来，从沉重的学业负担压力下解救出来；不是为了让他们将来能幸福地度日，而是要他们在当下就能过上幸福的童年。

可是，谁来救救我们的孩子？ 谁来救救我们的教育？ 这是一个需要教育家的时代，这更是一个造就教育家的时代。 我们深切地呼唤我们的校长们站出来，敢于直面自己心中期盼的"真教育"。

"真教育"呼唤"真校长"！ 我认为，真正的校长，对教育要有与生俱来的赤诚！ 对孩子要有与生俱来的赤诚！ 这就是真校长的教育情怀！ 没有这种教育情怀，你注定做不了真校长。

在这里，我呼吁：

真正的校长要有崇高的教育理想。

没有理想，仅有思想你不会到达理想的彼岸。 今天，有多少教育者知道教育这样下去不行？ 有多少教育者知道这样的教育在危害着国家和民族的未来？ 可是，你有行动吗？ 你为什么没有行动？ 因为你缺乏直面"真教育"的勇气！ 你缺乏走出这种"伪教育"的勇气！ 你在残酷的现实面前，向往"真教育"的良知已经泯灭了，你已经无力从这种"伪教育"的泥潭中自拔！

一句话，你已经丧失了自己的教育理想。

今天，我们呼唤校长要有崇高的教育理想。 有了理想，就有了责任感和使命感。 你就会行动起来，去改变无奈的教育现实。 由此，我们就能看到教育走向理想的曙光。

真正的校长要有远大的教育志向。

晚清一代宗师王国维先生在其《人间词话》中富有诗意地提出"古今成大事业、大学问者，必经过三种境界"，其中第一境界："昨夜西风凋碧树，独上高楼，望尽天涯路。"

这词句出自晏殊的《蝶恋花》。原词是："槛菊愁烟兰泣露，罗幕轻寒，燕子双飞去。明月不谙离恨苦，斜光到晓穿朱户。昨夜西风凋碧树，独上高楼，望尽天涯路。欲寄彩笺兼尺素。山长水阔知何处？"原意是说，"我"上高楼眺望所见的更为萧飒的秋景，西风黄叶，山阔水长，案书何达？王国维借题发挥，以小见大，来说明做学问成大事业者，首先要有执着的追求，登高望远，瞰察路径，明确目标与方向，了解事物的概貌。

我想告诉大家的是：不管什么改革，先行者都是孤独的，要耐得住寂寞。改革的先行者从来都不是振臂一呼，应者云集的。你想做先行者，你就必须有远大的志向，你就必须学会享受这份探索者的"孤独"。

真正的校长要有对教育的执着和奉献精神。

第二境界是"衣带渐宽终不悔，为伊消得人憔悴"。

这句出自宋代的另一位词人柳永的《蝶恋花》。原词是："伫倚危楼风细细，望极春愁，黯黯生天际。草色烟光残照里，无言谁会凭阑意。拟把疏狂图一醉，对酒当歌，强乐还无味。衣带渐宽终不悔，为伊消得人憔悴。"王国维在这里，显然也已超出了原诗相思怀人的情绪了。他想说明，对事业，对理想，要执着追求，忘我奋斗，为了达到成功的彼岸，一切都要在所不惜。

我想，为了我们心中的理想和梦想，就必须承受奋斗的艰辛；为了理想，就必须舍得奉献自己的一切。没有这样的境界，你就别想当一名校长。

只有真正的校长才会享受坚守之后那份心灵的宁静和幸福！

第三境界是"众里寻他千百度，蓦然回首，那人却在，灯火阑珊处"。

王国维选用了宋代词人辛弃疾《青玉案·元夕》中的词句。辛弃疾的原词是："东风夜放花千树，更吹落，星如雨。宝马雕车香满路。凤箫声动，玉壶光转，一夜鱼龙舞。蛾儿雪柳黄金缕，笑语盈盈暗香去。众里寻他千百度，蓦然回首，那人却在，灯火阑珊处。"王国维用在此处，是指在经过多次周折、多年磨练之后，就会逐渐成熟起来，就能明察秋毫，豁然领悟。所谓"踏破铁鞋无觅处，得来全不费功夫"。这是厚积薄发、功到自然成。

我想，一个人的奋斗，其结果真正得到的不是"名"和"利"，而是心灵的安宁和幸福。

一个探索者，一个直面"真教育"的勇士，能得到的最好的回报，就是"得道"之后心灵的宁静和幸福。

教育 GDP 主义之害

在肯定"GDP"这个概念对经济管理做出的重大贡献的同时，人们也越来越深刻地认识到这个概念可能带来的种种危害。

应该说，"GDP"没有错，错在"唯 GDP 主义"。一旦加上"主义"，就成了唯一，就意味着人们不择手段地去追求 GDP 这个数据本身，从而导致这个数据越来越不能反映经济发展质量，越来越不能代表一个地方人民群众的生活幸福水平。

"教育 GDP 主义"危害的，则是人的健康发展、国民素质和民族复兴大业的人才根基。

扭曲教育本质

当教育以追求分数和升学率为目的，以争夺优秀生源为手段的时候，教育的本质就开始被扭曲了，教育就离开了培养人的根本目的，教育的根本任务就不再是为人的成长与发展服务，而是为某些人的功利主义教育价值观服务了。在这种情况下，教育就离开了具体的人，剩下的只有服务于应试教育的知识学习和知识训练了。教育也不再是以培养人为神圣使命，而以外在于人的发展的升学率为最高追求。这种教育从本质上，就失去了存在的正义性。

破坏教育法治

当教育培养人的根本目的被极端功利主义的应试教育价值观取代之后，教育就违背了国家宪法和法律对国家教育宗旨的规定，教育就开始脱离法治的轨道。更为可怕的是，当教育者把追求考试分数和升学率当作教育追求的主要价值目标时，教育就开始不择手段，教育的法治底线就被彻底突破了。

教育法治是对最大多数受教育者权益的最大保护，破坏了教育法治，也就破坏了最大多数教育者的合法权益。

恶化教育生态

本来，在教育者眼里，是无所谓好学生与差学生的。每一个学生都是独特的，充满潜力的，可造就的人。遗憾的是，在极端功利主义的应试教育思潮影响下，学生都被分为三六九等。好生源成为各地各个学校追求升学率的重要筹码，成为办好学校的重要资源。

破坏教育法治的结果是正常的教育生态逐步被恶化。 由于各地经济社会发展水平差异很大，教育资源配置的水平差距过大，教育质量的水平也必然会有很大的差异。 在这种情况下，由于教育的无序竞争，经济发展水平高、教育保障水平高、办学水平高的地方，在生源这一教育资源的竞争中必然处于有利地位。 升学率差的地方越来越留不住好学生，而留不住好学生升学率就更差。 这就是陷入了教育的恶性循环，出现了教育的"马太效应"，出现了超大规模学校。 这种恶性竞争带来的恶果，一方面是强势学校对所谓优质生源的垄断日趋严重；另一方面是升学率差的学校招生越来越困难，更难以留住优秀的学生。

违反教育规律

有人认为，现在学生学习的课程难度太大，许多学生学习感到很吃力，跟不上教师教学的节奏。 其实，按照国家课程标准的要求，课程本身难度并不大。 关键是，整个学校教育体系都在围绕少数升学有望的学生运转。 为了增加复习和训练的时间，国家规定课程结束的时间越来越早，于是教学进度越来越快，学生学习困难也越来越大，跟不上教学的学生越来越多。

以普通高中课程为例，按照国家基础教育课程方案的规定，15 个门类的课程要用两年半的时间进行学习。 可目前大多数学校都用两年时间，有的学校甚至用一年半的时间就结束课程，留下一年甚至一年半的时间进行复习和训练。这种为了复习和备考，不断赶进度、提前结束课程的做法，破坏了循序渐进的教育规律，制造了大量的学习困难学生。

不讲教育科学

在不少地方，加班加点，"五＋二""白＋黑""时间＋汗水"，成为人们追求升学率的不二法门。在这种思潮影响下，人们一味地通过延长学生在校内外的学习时间、扩大学生学习的内容和训练的量等办法，来提高学生的考试分数，追求所谓更高的升学率。

从科学上讲，这种不讲究单位时间成本，没有时间效率意识的教育教学行为，必然是低效的，是违背教育科学的。

许多孩子晚上学习到很晚，第二天上午学习效率非常低。即使如此，人们仍然坚持给学生留下大量的作业。这就是不讲教育科学的典型表现之一。事实上，不尊重学生的主体地位，不尊重学生的学习兴趣，不调动学生学习积极性的做法，在教育领域可谓俯拾皆是。

只顾当前不要长远

不用讳言，每一个孩子走进学校，都是为了学习、为了健康地生活、为了更好地成长，也是为了获得更好的学习机会，将来上一个更好的学校。但是，学校教育必须坚持育人第一，升学第二。当我们颠倒了这个关系，让育人退居次要地位，让升学占据核心地位的时候，我们的教育就会因为追求眼前的升学功利而牺牲学生的长远发展目标，如创新精神、实践能力和社会责任感的培养，如对学生身心健康的关注，终身学习兴趣与习惯的培育，等等。

可是，许多地方的学校教育似乎已经顾不上长远目标需求了，人们只管当前，不顾未来；不管过程，只要结果。这是一种极其可怕的、极其不负责的升学功利主义！它损害的必然是老百姓的长远利益和根本利益。

不关注学生身心健康

本来，教育的本质任务是促进学生的健康成长。可是，在升学本位的教育思想驱使下，学校一切要为文化课的学习让路，一切要为考试和升学服务。学生的学习生活几乎全部被文化课学习所占据，学生的体育课、艺术课、德育课可以随时为文化课让路。

在这种情况下，学生的发展必然是畸形的、不全面的、不健康的。我们看得见的是广大中小学生的身体素质在下降，我们看不见的是广大中小学生的心理健康水平更令人担忧。大量的基础教育质量监测结果证实，我国中小学生心理疾病患病率大幅度上升，抑郁倾向学生的检出率远远超出国际上同龄人的水平。

没有童年

在我国各个社会群体中，每天起得最早的是中小学生，每天睡得最晚的是中小学生，每天工作学习时间最长的是中小学生！ 前几年，形容我国中小学生的生存状态有句调侃的话：起得比鸡早，睡得比狗晚，吃得比猪差。 现在，中小学生的生活与营养状况得到了极大的改善，但许多孩子却因为睡得晚、起得早，或者来不及吃早餐，或者没有胃口吃早餐。 这对孩子的营养、发育，对孩子的学习效率影响很大。

在这种沉重的课业负担之下，如今的中小学生成为失去了童年的一代，缺乏童心与童趣的一代，他们的儿童时代给他们留下的印象是灰暗的，其整个情感基调是消极的。 这不能不给这一代人的整个心灵留下阴影。

危及民族素质

重复单调的知识学习与训练，最终扼杀的不仅是学生的创新精神、实践能力，更是维系学生终身学习的学习激情和学习兴趣。 因此，当我们的教育一切围绕升学和考试运转的时候，剩下的就只有残缺不全的智育了。

德育、体育、美育的弱化、边缘化和生活教育的缺位，带来的严重后果是：学生的人文素养缺失、生活能力极差、身体素质多年来持续下降，等等。

仅学生缺乏良好的生活习惯，没有养成良好的健身习惯，缺乏基本的营养与健康常识这点，就将给整个民族的健康水平和生活质量埋下极大的隐患。 可以预见的是，未来国家的医疗卫生和社会保障成本会大幅增加。

浪费宝贵的教育财政资源

改革开放以来，党和国家高度重视教育工作，越来越把教育放在优先发展的战略位置上。 特别是 2012 年，我国首次实现了财政教育经费占国民生产总值 4% 的战略目标。 财政性教育投入开始占据我国公共财政的最大份额，教育成为名副其实的最大民生。

可是，我们的教育中，我们的孩子大量的时间被绑架在单调的、重复的以升学为本位的知识学习上。 一方面，知识学习的质量不高，重复性的学习与训练本身就是对广大青少年美好年华的极大浪费；另一方面，当这种知识学习与训练充斥学生的整个生活之后，广大中小学生用于全面发展、个性发展、主动发展的时间和空间就所剩无几了。

　　本来，花同样的钱，我们可以办出更好的教育，让孩子们得到更好的发展。　教育价值观的扭曲，带来的是对我国教育财政资源的最大浪费。

第三辑

教育·学校

把考试忘掉之后剩下的就是教育①

谁离教育的本质越近，谁就离教育的自由王国越近。

2006 年 5 月，正当杜郎口中学声名鹊起、全国刮起一阵又一阵所谓"杜郎口旋风"的时候，我却悄无声息地带着一批专家在茌平某宾馆潜伏了下来，目的是寻找一个真实完整的杜郎口中学。

为此，我们每天早上 4 点半到校，晚上 10 点钟离校，分成几个小组分别通过听课、座谈、观察、问卷调查、与校长访谈等各种方式了解这所学校的改革。的确，当时这所学校在课堂教学改革方面发生了巨大的变化，课堂变得活跃起来了，过去沉默、低效、单一的知识灌输的课堂不见了，学生的生命活力在课堂中被激活了。

但是，专家们对这所学校的改革也有许多疑虑：上课时间

① 2011 年 7 月，中央新闻媒体教育改革采访团专门到山东省采访素质教育。7 月 3 日，召开中央新闻媒体教育改革采访山东教育改革座谈会，山东省茌平县杜郎口中学崔其升校长做了重点发言。我对他的发言由衷地敬佩，想起了 2006 年我率专家组到该校考察时的情境，可以说，这所学校经过五年多的深化改革和思想提升，发生了更加深刻的变化。

过长，加班加点严重，整个改革仍然是围绕着学科、教材、知识的学习与掌握来进行。 名为没有课外作业，实质是学生课外时间包括晚上都在统一做各种习题，以便为课堂上的开放做准备。 一句话——那时的改革还是学科本位、知识本位、考试本位的，学生还是戴着镣铐跳舞的。

考察期间，我与崔其升校长专门进行了一天的交谈。 我一方面肯定了学校的改革，一方面希望学校回到规范办学上来，逐步从围绕升学考试推进改革真正转变到育人为本上来。

也许正是基于此，有人说，我对杜郎口中学的改革有偏见，这是一种误解。 我是希望学校尽快走出知识本位、考试本位、应试本位的藩篱，尽快走上彻底地尊重人、解放人、培养人的教育的自由王国！

所幸的是，多年来，崔校长带领杜郎口中学的广大师生一刻也没有停息探索的脚步，更没有辜负我们的期望，它一天一天规范起来，一天一天健康起来，一天一天逼近教育的本质，一天一天走向教育的自由王国。

杜郎口中学正在书写着一所中国农村初中学校的传奇：

每天到这所学校参观考察的少则二三百人，多则两千多人。 从 2005 年至今不完全统计来校参观的领导、专家和一线教师达到 85 万人次，遍及全国包括港澳台在内的所有的省份。

迄今为止共有美国、加拿大、澳大利亚、瑞典、韩国、喀麦隆六个国家 300 多名外国友人来学校学习交流。

俗话说，外行看热闹，内行看门道。

7月3日上午，崔校长参加中央新闻媒体教育改革采访团山东教育改革座谈会。他在发言中讲道：

"学生的智慧、高度是我们想都不敢想的。不是孩子们不行，是我们的老师们厚度还不够。"

"现在，我们对老师的管理不再看备课本，而是看以下三点：一是看教师的硬功夫，语文课要求学生背诵的，教师要先会背诵；要求学生写的作文，老师要先写'下水文'。再如物理课，要求学生进行小制作，那么老师你有多少小制作，等等。二是在课堂上，教师不能看教案，写例题不能看课本，对于课上讲授的知识要烂熟于心。三是老师对课本知识的掌握要做到'上挂下连，左顾右盼'。一篇语文课，虽然只要你上3节课，但老师研究10节课的时间也不算多，老师要搞清有关知识的来龙去脉，在教学中要把有关知识辐射开来、延伸过去。让人欣喜的是，我们所有的老师都有了专著，多的有了4部专著。这些专著，不是什么理论，是教师对课程、对教材研究的心得，独特的发坝等。"

"真正的教育是为孩子终身而奠基的，而不是为了做题和考试，考试和做题的教育是摧残人性的。我特别要求老师，不要再印题了。课堂不能再围绕做题来进行，提高学生的素质才是根本。"

"过去的教学基础不牢，老师老是赶进度。常言讲，从量变到质变，但今天我们的教学要倒过来，从质变走向量变。比如，一篇经典的课文，做不到每个同学都能消化、内化、融化，就不能学习下一篇课文。我们要求学生对每篇文章的学习，都能打下厚实的功底。"

"激发学生的学习动力绝对不是靠什么专题会、励志会，而是要通过开放的课堂激活学生的心灵，让每个学生都成为积极向上的自信的人。"

"教学的目的，课堂上不管什么学科，一定要把学生自主自信、自强不息的性格，勇敢有为、探索创新的精神，团结合作、富于奉献的品质培养起来。"

"在课堂上，教给学生的知识是死的，是有限的，但是能不能让学生学会找规律，能不能在教师的启发下，让学生有新的发现，这是最根本的。"

……

今天下午，我从基础教育处要来当天座谈会崔其升校长发言的录音，一遍又一遍地播放、收听，我受到的是一种心灵的震撼，这震撼来源于崔校长对教育本质的理解——

崔校长对学生的尊重来源于他对学生潜能的敬畏。他知道：学生的智慧和高度是我们连想都不敢想的。

崔校长对课堂的认识多么精深独到：课堂就是要激活学生的心灵，让每个学生都成为积极向上的自信的人。

崔校长对当下教育的批判入木三分：为了做题和考试的教

育是摧残人性的。

崔校长对课程本质的认识具体而深刻：一篇经典的课文学不好，绝不让学生学习下一篇课文。

……

一所因连续十几年全县升学倒数第一，即将被撤并学校，到今天成为享誉全国的教育改革名校。它之所以让人尊重，绝不仅仅是因为它的教育质量高了，它的升学率高了，而是它的校长、它的教师离教育的本质越来越近，它的学生离教育的自然生态越来越近，从而离教育的功利、离世俗的教育越来越远，进而崔校长和他的学校也就真正挣脱了"教师为考试而教，学生为考试而学"这种功利主义教育的牢笼，迈入了自由教育王国的大门！

正因为如此，这所学校的变革越来越让人敬佩！更重要的是，它正在成为一所让人敬仰的学校！

有人说，爱因斯坦曾经说过：什么是素质？当你把学校学习的知识忘掉之后，剩下的就是素质。7月3日，我听了崔校长的发言之后，脑子里冒出了一句话：

把考试忘掉之后剩下的就是教育。

我想，这种忘掉考试之后的教育，带来的必然是教师和学生心灵的解放、潜能的释放；这种忘掉考试的教育，带来的必然是学生更加主动、更加健康、更加全面、更可持续的发展；这种忘掉考试的教育，带来的必然是师生幸福的教育和教育的幸福！

　　我想，也许有人会问：这种忘掉考试的教育不怕考试吗？试想，一个激活人的心灵的教育，一个让人的心智得到彻底解放的教育，还怕考试吗？

"攀龙附凤"是教育的堕落[①]

校庆是观察学校精神、学校传统、学校文化的重要窗口。透过诸多校庆活动的安排，我隐隐约约地感到，我们的教育从骨子里就不是面向大众的平等的教育，就不是关注人人成才的教育，就不是尊重所有劳动者的教育。

一

从校庆的准备来看，大家一般都要千方百计地整理校史。其中一个重要任务就是寻找自己培养的学生在各行各业的代表人物，尤其是那些卓越人物。包括党政干部、科学家、艺术家、教授，等等。改革开放后，随着国门的打开，大家在校史中，又开始关注证实自己办学实力的另外一个视角，这就是海外留学者。但是，从这些校史的展示中，我们就是看不到这所

————————

① 2002年1月至2012年10月，我到山东省教育厅工作之后，每逢秋季特别是每年的国庆节期间，经常收到由官方委派的，或者各方官员托付的大中小学校庆邀请函，尽管能推的就推，但碍于情面，还是参加了不少。每每于此，心中常常念及教育的"功利"或"扭曲"。

学校的毕业生，到底有多少人在平凡的岗位上奉献自己的青春和力量。

从校庆准备的资料看，各学校一般都要搞个画册，甚至多个画册；有的还要出版一些书籍，邀请学校的历任领导、成才的学生等，回忆学校的办学历史和传统。但是，在这些回忆中，我们看不到一篇来自工农业生产第一线的毕业生在平凡的工作岗位上，为国家、为社会奉献的身影，听不到他们的声音，看不到他们的事迹。

从学校画册中包含的各种内容看，一般都会有团结进取的学校领导班子、学校教师队伍的优秀风采，以及近年来学校的升学情况，尤其是升入重点大学的情况，甚至还有毕业生升入大学后获得博士学位的情况。但是，我们就是看不到，从这所学校走出去的毕业生有多少没有走进大学的门槛。

从学校校庆邀请的校友名单上，我们往往能看到各界精英返回学校参加庆典，但是，我没有发现有哪些学校，邀请自己培养的那些在平凡的岗位上，在工农业生产第一线默默奉献、认认真真工作的毕业生到校参加学校庆典。

在学校宣读的各种贺信、贺词中，大量的都是来自某某著名大学的、来自在各行各业中成名成家的校友，但就是看不到来自企业界的、来自服务业的、来自农业生产第一线的成功者的贺信、贺词。

再看看坐在校庆主席台上的各方人士，不管有多少排，无非就是党政官员、科技精英、各路名士……而唯独看不到平凡劳动者代表的身影。

再看看学校庆典的各项议程中，除了当地党政领导讲话、教育行政部门领导讲话、校长汇报工作、功成名就的校友代表讲话、学生献辞外，我们唯独就是听不到平凡劳动者的声音……

二

从我参加的所有校庆庆典看，这几乎成为一种程式、一种惯例、一种模式，由此，也就形成了一种"校庆文化"，而从这"校庆文化"中，我们又能看出些什么？

我们的教育，从头到脚，从里到外，从历史到现实，充满了彻头彻尾的"精英意识"。

你看，我们的教育一天到晚，都在围绕着"名生"转：从招生开始，就要想方设法，去抢"好学生"，以至于一些学校的校长不把精力放在办好自己的学校上，而是到处去挖别人的学生。 为此，各种歪招迭出。 为了学校多考几个学生，多考几个重点大学，学校从师资配备到学校管理，要办重点班、实验班，在教育中要对所谓的升学有望的学生"开小灶"……在这里，我们的学校患了严重的"眼疾"，而且这"势利眼"病得还不轻，你看对学生有亲有疏、有厚有薄……这是多么不公平！

你看，我们的学校对于自己培养的学生，凡是有名气的，都会千方百计地去联络，师生上下都会引以为傲；而对于那些在平凡的工作岗位上努力工作的人们，却从来没有给予任何关注。在这里，我们的学校真的患上了严重的"攀附名贵"的世俗习气。

与此相联系，我们的教育当然就缺乏了应有的"平民意识"。在学校教育中，学习平平的学生，教师们很少投去关注的目光；不仅如此，甚至有意无意地放弃那些学习落后的学生。

我们的教育，缺乏了对平凡的劳动者、对平凡的劳动的敬意。我们不尊重自己培养的那些在平凡的工作岗位上辛勤劳动的人们，似乎他们与自己的学校无关，似乎他们与教育无关。这不能不说是教育的悲哀，甚至是教育的堕落！因为教育应该是最平等的，最远离功利的。

三

我们的教育工作者，不知道党的教育方针的不多，但党的教育方针的宗旨是什么？无论如何，坚持德智体美全面发展，坚持面向全体学生，促进学生的全面发展，努力培养社会主义的建设者和接班人，是党的教育方针的题中应有之义。

"建设者"是什么？"接班人"是什么？难道只有党政官

员、科技精英才是"建设者"和"接班人",而在第一、二、三产业中努力工作、辛勤奉献的人都不是祖国的"建设者"和"接班人"? 其实,一个国家、一个民族、一个社会,虽然人们从事的工作岗位不同,工作性质不同,但其劳动都应该是光荣的,其劳动者都应该受到尊重的。

我国各级各类教育的快速发展,带来了国民受教育水平的提高,为世界制造业向我国的转移提供了重要的劳动力基础。这一点,我们应该感谢各级各类教育培养的数以亿计的普通劳动者。

我们这个社会不能一边享受着广大普通劳动者创造的物质财富和物质文明,而又有意无意地鄙视普通劳动者。 一个嫌贫爱富的社会,一个攀龙附凤的社会,一个不尊重普通劳动者的社会,一个不充分保障普通劳动者的社会,必然是一个两极分化的社会,必然是一个充满对立和敌意的不和谐的社会,必然是一个不文明、不健康的社会。 那样的社会,不是国家之福,不是人民之福。 建立和谐社会必须尊重劳动、尊重普通劳动者,必须保障普通劳动者的合法权益,必须让普通劳动者享受到改革开放的成果。 由此,必须提高普通劳动者的社会地位,缩小社会各个阶层之间的收入差距。

在这里,回到教育,回到学校,回到如何对待我们的学生,回到如何对待我们的一届又一届毕业生,我认为,应该尽量少一些"精英意识",多一些"平民意识"——应该更多地关注普通学生、普通劳动者。

我们的教育，我们的学校，我们的教育工作者，应该有这样的胸怀，这样的境界：对于那些在校的学生，无论是学习好的，还是学习差的，都是自己可爱的学生，都应该帮助他们不断地学习、成长和进步；对于那些走出校门的学生，在人生的道路上，无论是成功的，还是失败的，无论是那些功成名就的，还是那些普通劳动者，都永远是自己的学生，都应该依然像一个慈爱的母亲一样，永远牵挂着那些远行的儿女！ 为他们的成功而骄傲，为他们的幸福而欣慰，为他们的不幸而痛苦……

由此，我主张，校庆时刻应该有普通劳动者的身影，应该让那些平凡的劳动者走上校庆的讲坛，去倾诉自己的母校给他们的人生道路留下了哪些珍贵的东西，去讲述自己平凡而伟大的故事……这应该成为今后校庆的一个规矩。

"课堂""负担"与素质教育

我始终认为，推进素质教育的阻力首先来自教育思想的混乱。 这个混乱，既有来自教育外部的，更有来自教育内部的。 就教育内部讲，有必要就"课堂""负担"与素质教育的关系，进行一番认真的研究和思考。

什么是"课堂"？

在"高中校长教育改革与发展座谈会"上，校长们说，推进课程改革的主阵地在课堂；在"中小学素质教育座谈会"上，局长们说，教育教学改革的主阵地在课堂；在"2007 年度全省教研室主任工作会"上，教研室主任们说，课堂是素质教育的主渠道①。 那么，究竟什么是"课堂"？"课堂"与素质教育之间是一种什么关系，这确有探讨的必要。

我没有考查"课堂是素质教育的主渠道"这句话是从何时

---

① 在 2008 年 1 月，山东省启动新一轮素质教育改革之前，我主持召开了一系列座谈会。

讲起，但这句话无疑由"课堂是教学的主渠道"转化而来。 请注意，在我国教育教学实践中，"教育"与"教学"是两个不同的概念，"教学"只是"教育"的途径之一。 当人们套用"课堂是教学的主渠道"这一句式，并用它来表达素质教育的主要途径时，无异于在"素质教育"与"教学"之间画上了等号。问题是，这个"等式"是不是成立？ 要回答这个问题，我们有必要分析一下在中小学教师们的心目中，"教学"的内涵究竟是什么。

我们不能不承认，在我国教育教学视野中，长期以来，人们往往把"教学"看作是教师向学生传授知识的过程。 尽管随着新课程的实施，人们强调新课程"三维目标"的实施，但到目前为止，在片面追求升学率的喧嚣中，对"教学"内涵的这一传统认识并没有任何根本性的变化。 传统的课堂，即在学校环境中，在教室内这一空间实施的教育教学活动，是比较有利于在有限的时间、空间、范围内，高效率地传授学科知识的。因此，当人们说"课堂是教学的主渠道"时，无疑是具有真理性的，或者说，是具有科学性的。

但是，当把这一句式套用到"素质教育"头上，说"课堂是素质教育的主渠道"时，我们就有必要探讨一下，传统教师视野中的那个"课堂"，能不能承担起"素质教育"的重要使命。 我认为，以知识传授为主旨的、在传统教室那个小天地里实施的"课堂教学活动"是无法全部承担起"素质教育"的重要使命的。 因为"素质教育"必须通过两类知识的教学才能得到有效的实施：一类是人类几千年来积淀下来的所谓"间接经验"——课本知识的教学，另一类是"直接经验"——实践活动的教学。 显然，实践活动的教学，是无法在传统的小课堂里全部实施的。 在这里，素质教育的概念，就其实施途径而言，完全可以说，是与学生生活的外延相等的。 因此，素质教育是无法在传统的课堂教学时空中得到全面实施的。 当然，我们也不能在"教育"与"生活"之间画上等号，否则，我们就否定了学校教育与社会教育的本质区别。 我认为，为了有效地实施素质教育，必须扩大传统课堂的外延，将传统的"知识课堂"扩展到学校有目的组织实施的校内外"实践课堂"。 如此，我们才能说，"课堂是实施素质教育的主渠道"。 不过，这里的"课堂"，包括了"知识课堂"和"实践课堂"两个方面。

什么是"负担"？

谈到推进素质教育，人们必然要谈到减轻学生过重的课业负担，甚至现在常常有人在推进素质教育与减轻学生过重的课业负担之间画等号。 学生的学习是不可能没有负担的，甚至教育界有的官员说，学生的学习本来就不可能是一件轻松愉快的事。 我国教育教学改革的重要目的之一，就是要减轻学生过重的课业负担。 那么，什么是过重的课业负担？ 到目前，学术界还没有科学的评判标准。 在这里，我想从学生学业负担的性质和解决学生学业负担过重的思路入手，谈谈自己粗浅的认识。

学习负担与学生的个体差异有关

每一个学生，都是带着自己与其他学生不同的先天差异和后天差异走进学校大门的。 这种差异在学生日常的学习中，会通过学生的学习基础、智力水平、智慧方向、性格以及主观努力等方面体现出来。 这些因素不但决定了学生学习基础的不同，而且决定了学习的快慢以及能达到的水平。 因此，学生的学习是充满差异的。 而这些充满差异的学生，对于学习"负担"的承受能力是不同的。 这就必然带来学生学习负担的个体差异。

另外，"负担"是与学生的主体性相关的。 也就是说，学习负担不仅是一个学生知识学习量的客观性的概念，也是一个与学生学习主体体验和感受相关的带有主观性的概念。 在学习过程中，学生主体状态的参与度与学生对学习负担的感受具有重要关系。 正因为如此，有人说，有兴趣的负担不是负担。

改革开放以来，我国课程改革的一个重要价值取向就是不断降低教材的难度。 我们总认为，国内的课程教材难度比国外高。 但是，从总体上说，国外发达国家像美国的中小学教材并没有统一的难度要求，特别是到了初中、高中阶段，学生的学习大都是分层进行的。 也就是说，同一年级的学生，选用的教材难度往往是不同的。 显然，知识的难度并不是通过课程教材改革解决学生学习负担过重问题的唯一指向，更不是最重要的指向。 面对学生学习负担这一具有高度的个体差异性的问题，一味地降低课程教材的难度是没有出路的，必须回到孔子的教育主张——因材施教上来。 具体思路无非就是：在班级授课制的基础上，最大限度地实施个别化教学。 当然，这里的个别化教学，不是基于教师对学生学习水平的分类，而是基于学生对学习难度的主体选择。

学习负担与学生知识学习的性质或类型有关

学生的学习就像人们日常吃饭一样，不但与每天吃饭的量有关，还与每天吃饭的质，即吃什么有关。 在这里，我们必须指出的是，学生的学习负担与知识学习的类型或者说性质密切相关。

在哲学上，依据知识的来源，人们一般把知识分为两类：一类是间接知识，这是人类几千年文明成果的结晶，通常体现在"书本"（今天的书本，已不局限于纸质出版物）中；一类是直接知识，即人们通过自己的亲身实践得到的知识，这类知识是与人们的经历相关的经验性知识，离开了人们的亲身实践，这类知识是不可能获得的。 在这里，我们将前者称为"知识学习"，后者称为"实践学习"。 进而，从学生知识学习的类型或性质来讲，可以将学生的学习负担分为两类：知识性学习负担和实践性学习负担。 过去，人们在认识学生的学习"负担"问题时，很少从知识学习的类型或性质这一视角来探讨，而这恰恰是我国学生学习负担问题最根本的核心之一。

今天的中小学生，为什么感到学习负担过重，为什么对学习越来越没有兴趣？ 我认为，这固然与学生学习的知识的量或知识的难度过大有关，更与学生日常学习的知识太单调有关。这就像人们的日常生活一样，海参营养再高，让你天天只吃海参，你不但会吃腻，而且你的营养也不会健全。 可以说，今天我国中小学生"知识性学习"负担过重，而"实践性学习"负担过轻。 正是因为这两种学习负担一个"过重"，一个"过轻"，既扼杀了我国中小学生的学习兴趣，又扼杀了我国中小学生的创新素质。

对待学生的学业负担既要做减法，更要做加法

有一位校长经常搞加班加点，教育主管部门不得不把他调离原来的学校。 可是，到了第二年学校招生的时候，有不少家长却拼命要把孩子送到这所学校里来读书。 家长们认为，这样的校长才是真正对学生和家长负责！ 因此，在推进素质教育中，尽管我国社会各界有不少人士在大声疾呼要减轻学生过重的课业负担，但在现实的教育实践中，却经常出现这样的让人啼笑皆非的现象。 这是为什么？

教育部门一讲减轻学生的课业负担，就要颁布多少条，就要求控制学生的在校学习时间，并要求学校下午四点以后必须让学生离校。每当这时，就会遭到学生家长的一片反对之声。这又是为什么？

我认为，这与我国教育界长期以来对学生学习负担问题存在的形而上学的认识不无关系。在这里，教育界没有给家长回答一个问题：孩子放学后干什么？因此，我主张，对待学生的学业负担问题，我国教育界既要学会做减法，更要学会做加法。教育界必须向家长、向全社会讲清楚，推行素质教育，既要让学生学习课本知识，更要让学生学习实践性知识。在对待学生学业负担方面，我们不能笼统地说，要减轻学生的学习负担，只能说要减轻的是学生过重的知识性学习负担；与此同时，要加强学生的实践性学习，或者说，要增加学生的实践性学习负担。否则，当我们把节假日、周末还给学生以后，当限定了学生在校内的学习时间之后，学生知识学习以外的时间干什么？

什么是素质教育？

实施素质教育始终是当代中国教育孜孜不倦的梦想和追求。它已经不是一个简单的教育名词，而是凝结了中国当代教育学者众多教育理想的一个词语。可以说，改革开放以来，无论是学习借鉴西方先进的教育理论，还是众多的基础教育改革流派的教育改革实践，以及国家启动的历次课程改革，其目的都可以归结为一个：推进和实施素质教育。

国家倡导素质教育多年，人们对素质教育内涵的认识，可谓是"仁者见仁，智者见智"。我在这里，不想纠缠于对素质教育内涵的具体界定，只想在梳理人们对素质教育的各种定义的过程中，让大家去把握素质教育的内涵，并在这个基础上，谈谈我对素质教育内涵的新认识。

认识素质教育内涵的主要视角

到目前为止，人们定义素质教育，主要有以下几种视角：

一是从国家教育方针的角度来定义素质教育。

这种观点以 1985 年颁布的《中共中央关于教育体制改革的决定》为代表。该《决定》明确提出：教育改革的根本目的是提高民族素质。从这个意义上讲，提高民族素质的教育就是素质教育。这一视角，指明了我国实施素质教育的根本目的，也成为人们后来研究素质教育的一个重要方向。

二是从人的全面发展的角度来定义素质教育。

这一观点以原国家教委副主任柳斌同志为代表。在柳斌同志看来，所谓素质教育就是面向全体、全面发展、主动发展。这就是关于素质教育的著名的"三要义"的提法。简单说，素质教育就是一种全面发展的教育。柳斌同志的认识并没有超越马克思主义关于人的全面发展学说的思想，正是基于对素质教育内涵的这种认识，当时我国著名教育家、中国教育学会副会长瞿葆奎教授曾指出："素质教育就是全面发展教育的现在进行时。"

三是从人才培养目标转型的角度来定义素质教育。

这种观点的典型代表是 1999 年颁布的《中共中央国务院关于深化教育体制改革全面推进素质教育的决定》。该《决定》指出：素质教育要以培养学生的创新精神和实践能力为重点。

2005 年 12 月 29 日，时任教育部部长周济就素质教育接受《人民日报》专访时指出："什么是素质教育？就是要解决培养什么人和怎样培养人这两大问题，是人的培养模式的一次深刻变革，是教育领域的最核心的一个变革。"在这里，素质教育已成为一个事关我国教育改革与发展主题的重大课题。我认为，周济同志将实施素质教育看作是我国教育培养模式的根本变革，把我国实施素质教育的根本任务上升到教育价值观转型的高度来认识，是对素质教育本质认识的一次重大升华。

认识素质教育内涵的新视角

一是从实施途径的角度来认识素质教育。

我认为，对于素质教育内涵的认识，过去人们比较注重的是理性的理论层面，而很少重视实践的操作层面。其实，认识素质教育的本质，不仅需要理论定义，更需要操作定义。

从这一思路出发，我认为，素质教育是两种"课堂"与两种"学习负担"相协调的教育。所谓两种"课堂"，就是说，素质教育的实施离不开"知识课堂"和"实践课堂"；所谓两种"学习负担"，就是说，素质教育的实施离不开"知识性学习"和"实践性学习"。只有这两类"课堂"与两种"学习负担"协调统一的教育，才是真正的素质教育。

二是从教育教学管理的角度来认识素质教育。

在我国，长期以来，"素质教育"与"应试教育"是相对立的两个概念。有人认为，在我国之所以存在"应试教育"，并且愈演愈烈，是与我国存在激烈的升学竞争分不开的。在这种观点看来，只要存在激烈的升学竞争，就必然会存在"应试教育"，因此，推进素质教育几乎是不可能的。我认为，持上述观点者只看到了问题的一个方面，那就是：激烈的升学竞争容易导致"应试教育"；但是，他没有看到另一个方面，那就是：升学竞争并不必然导致"应试教育"。关键是升学竞争既可以在规则范围内进行，也可以通过违背规则甚至超越规则来竞争。在这里，我们并不一概反对升学竞争，我们反对的是违背规则来进行升学竞争。从这个意义上讲，我们可不可以说遵守竞争规则的升学教育不是应试教育，而是素质教育呢？这个观点是完全站得住脚的。

因此，我们可以大张旗鼓说，素质教育的实施是有规则要求的，按照教育规则来进行的升学教育，就是素质教育。素质教育应该遵守的教育竞争规则大致可以概括为以下几个主要方面：党的教育方针、教育法律法规、教育教学规律。

如何走向素质教育？

在厘清了"课堂""负担"与素质教育的关系之后，中小学应该如何走向素质教育？ 我认为，应该从以下三个方面积极推进：

提高"知识课堂"教学效率，让"实践课堂"有时间"登堂入室"

就目前中小学教育教学现状而言，学生的学习时间，无论是校内，还是校外，几乎都被以教材、教辅为载体的知识性学习占据了，学生根本没有实践性学习的时间和空间。 因此，要想让"实践课堂"有时间"登堂入室"，就必须把学生"知识课堂"学习的时间总量降下来。

如何让学生"知识课堂"的学习时间总量降下来？ 一种办法是适当减少学生知识学习的量，降低学生知识学习的质（难度）；另一种办法是，以教育科学为指导，大幅度地提高学生"知识课堂"的教学效率。 我认为，前者固然需要，但更关键的是后者。 潍坊市教科院的调查研究充分表明：目前中小学课堂教学效率非常低。 在保证中小学双基①教学质量的前提下，

_____

① 双基：学校教学内容中的基础知识、基本技能。

通过提高中小学课堂教学效率，大幅度地降低中小学生"知识课堂"的学习时间是完全可能的。

基于以上认识，我认为，只要以教育科学为指导，大力推进教育教学改革，就完全可以在提高课堂教学效率的前提下，在基本保证原有知识教学质量的同时，逐步减少学生的知识性学习时间，从而为学生留出足够的课外实践性学习的时间和空间。一句话，课内的教学要在课内完成，不能再延伸到课外，不能再挤占课外的时间。在这方面，目标教学的基本经验和做法仍然是可行的，值得认真研究、总结和推广。

建构自主实践学习课程体系，让学生的综合素质得到有效发展

在创新教育的课程理念中，我曾提出：要建立国家课程与学生自主选择课程相统一的课程体系。在这里，我想强调的是，2001年以来，我国启动的新一轮基础教育课程改革，虽然对开设选修课程、地方课程、校本课程给予了高度重视，但当前各地对学生自主选择课程的建设，仍然没有给予足够的重视。这既与应试教育的倾向有关，也与课程改革推进力度不够有关。要真正建立自主实践学习课程体系，必须关注以下三个核心概念：自主学习、实践学习、课程体系。

一是要充分尊重学生的学习自主权。在我看来，今天的孩子，学习苦点并不可怕，可怕的是孩子们对学习缺乏兴趣。我在不少中小学调研时，校长、老师们都忧心忡忡地告诉我：不少孩子考完学，一走出校门就撕书，就朝着他的课本、教辅发泄！ 孩子们一旦对学习失去了兴趣，就关闭了自己走向知识殿堂的大门。 在终身学习时代，这就意味着这个孩子一走进社会，就成为社会的边缘人！

让孩子有兴趣地学习，让孩子有自己真正感兴趣的学科，关键是要让孩子有自己喜欢的自主选择的学习领域，这应该成为我国中小学教育教学改革的一个重大课题。 如何保障学生有兴趣地学习？ 在这里，其关键是，学校要给予学生一定的自主选择学习的时间和空间。

二是要突出学生学习的实践性。 培养学生的创新精神和实践能力，只重视"知识课堂"的教学改革是不够的，必须组织学生开展丰富多彩的实践性学习活动。 我认为，在提高"知识课堂"教学效率的前提下，要把节假日、周末还给学生开展系列性的实践性学习活动。

三是学生的实践性学习要课程化。 我提倡，每所学校都要组织学生开展以下五项实践性学习系列活动：

1. "个性发展"计划

其宗旨是：培育每个学生的个性，张扬每个学生的个性，为每个学生的个性发展提供支持平台。 具体做法：把"个性发展"计划作为一门课程，帮助每个学生制订"个性发展"计划，鼓励学生彰显自己的个性，明确自己富有特色的发展方向、发展领域；通过开设个性化课程（讲座、辅导、在教师指导下自主学习等），支持每个学生在自己喜欢的领域获得更快更好的发展。

2."读书成长"计划

其宗旨是：让学生喜欢读书，学会读书，在读书中成长。具体做法是：把"读书成长"计划作为一门课程，帮助每个学生在学校读书计划的指导下，制订自己学段、学年、学期读书计划；通过开展"读书节""读书交流会""读书征文""书评"等活动，督促学生完成自己的读书计划，让学生通过读书开阔知识视野，孕育人文精神。

3."走向社会"计划

其宗旨是：让学生了解社会，喜欢社会，奉献社会。 具体做法是：把"走向社会"计划作为一门课程，帮助每个学生制订自己学段、学年、学期"走向社会"的计划，让学生每个学期完成一项有意义的社会活动，通过这项社会实践活动，让学生观察社会，了解历史，体验人生。

4."感悟自然"计划

其宗旨是：让学生了解自然，观察自然，感悟自然。 具体做法是：把"感悟自然"计划作为一门课程，帮助每个学生制订自己学段、学年、学期"感悟自然"的计划，让学生每个学期完成一项有意义的自然观察活动，通过感受大自然的瑰丽与神奇，启迪学生智慧，促进学生发展。

5."生活科技"计划

其宗旨是：让学生了解和观察生活中的科技现象，培养科学兴趣，感受科学技术的伟大力量。具体做法是：把"生活科技"计划作为一门课程，帮助每个学生制订自己学段、学年、学期"生活科技"计划，让学生每个学期完成一项有意义的生活中的科学技术现象观察研究活动，从而了解科学技术在生活中的应用，感受科学技术的神奇，学会初步的科学研究规范，培养科学精神。

推进招生录取标准多元化改革，让实践性学习成果在考试评价中占有一席之地

毋庸讳言，尽管多年来我国的中考、高考改革一直强调要考能力，但现在考试考的主要还是学生知识范畴的东西。在这里，或许可以说，无论考试怎么改革，都不可能考出学生的所有素质发展水平。也就是说，素质教育与升学教育总是有差异的。要保障素质教育的健康发展，除了继续推进中考、高考改革之外，必须推进中考、高考招生录取标准的多元化，即中考、高考招生除了坚持"以分取人"的标准外，还要尝试探索"以综合素质评价取人"的新机制、新办法。舍此，要让中小学生积极有效地开展实践性学习是困难的，学生的创新精神、实践能力的培养也就失去了制度性保障。

别带着误解看"减负"

无论是"三点半现象""减负",还是"素质教育",放到我国教育改革发展大的政策背景下来看,对于一些关键问题的认识还没有形成共识,甚至存在很多误解。我们不应带着误解看"减负"。

面对舆论在一定程度上对"减负"存在的误解,应该明确,"减负"并不等于公办教育的"后退";不等于降低中小学生的课程难度;不等于不要学生刻苦学习;不等于减少学生学习时间;不等于不要考试;等等。

学校教育制度本来就包含课外教育,我们规定小学生在校时间不超过 6 小时,是针对统一上课时间而言,并不是说在上课时间之外就必须离校,这不是学校教育制度设计的初衷。现在有种观点,一提及"三点半现象"就感觉是公办教育在"后退",实际上我国的公办教育不仅在课后教育不能后退,中小学生的校外教育也必须在学校的指导下进行。我们必须下大力气办好公办教育,必须让更多老百姓享受到更高质量的教育,这是由我国社会主义教育性质决定的。

至于中小学课程难度，尽管我国中小学实施"减负"政策很多年，我国中小学理科课程的难度在世界主要国家中仍居于中等或中上等水平，这是中国教育科学研究院比较研究了美国、俄罗斯、德国、法国、英国、中国、日本、韩国、澳大利亚、新加坡等国理科教材后得出的研究结论。

从学生的学习时间看，全国中小学生平均在校时间也呈上升趋势。中国青少年研究中心"中国少年儿童发展状况"课题组于 2010 年与 2015 年进行的两次全国大范围调查显示，全国小学生平均在校时间从 6.7 小时增加到 8.1 小时，中学生的平均在校时间从 7.7 小时增加到 11 小时。

面对"减负"等重大教育公共政策，教育界亟须加强宣传和解读。尤其需要加强对政策制定的背景和依据的解读，对全社会相应的教育科学知识的普及。就"减负"来讲，我们要向社会公众讲清楚，"减负"的出发点在哪里，"减负"的主要举措是什么。

在我看来，"减负"绝对不是一味地要减轻学生的课业负担，"减负"必须从所谓的"减量改革"走向"结构调整"。具体讲，"减负"最要紧的是做好"五件事"——讲科学、调结构、转方式、提质量、重个性。

"讲科学"，就是"减负"首先要减掉那些违背教育教学规律和学生学习规律、成长规律的负担，让中小学教育回到尊重规律、依靠科学的轨道上来。以考试评价为例，日常考试的功能不是要给学生排名排队，而是为了诊断和改进；再如，晚上孩子们做作业做到十一二点，搞得第二天上午听课精力很差，学习效率很低，这样的加班加点不但无助于提高学生的学习成绩，反而导致学生学习的恶性循环，是得不偿失的。诸如此类的负担，难道不需要减掉吗？

"调结构"，就是"减负"必须减掉那些因为教育结构失衡导致的学生片面学习的过重负担。在这里，"减负"必须做好"加减法"。我们讲学生的学习负担过重，主要是指在应试教育背景下，学生围绕考试升学需要的考试科目的学习负担过重。因此，要适当减少文化课学习的时间，增加德育、美育、体育、劳动学习的时间；适当减少书本学习的时间，增加实践教育的时间；适当减少单纯知识技能训练的时间，增加学生综合素养培育的时间；等等。

"转方式"，就是"减负"必须走出"时间+汗水"的教育教学路径依赖，在提高教育教学效率上下功夫。要转变教与学的方式，教师要着力调动学生内在的学习积极性，更多地在激发学生兴趣、教会学生学习、培养学生自主学习能力上下功夫，等等。

"提质量"，就是"减负"必须减少学生单一的知识学习负担。要走出知识本位的教育质量观，在提高学生综合素养上下功夫。要减少重复、低效的机械训练负担，增加能够调动学生积极思维的、具有挑战性和创造性的教育教学活动，以提高教育教学的质量。

"重个性"，就是"减负"必须减少学生过重的同质化的学习负担。尊重学生的个性差异，为每个学生提供适合的差别化的教育；要适当减少统一的强制性的学习负担，增加学生多样化的自主性的学习活动。

"队""允许掉队""不准掉队"及其评价

看了十指成林[1]老师关于"究竟什么是不让一个学生掉队"的回答，很受启发。借题发挥，我想谈谈"队""允许掉队""不准掉队"及其评价问题。

什么是"队"

我们说的"队"显然是指标准。当然，这里的"标准"，在某些同志头脑里可能指"分数"，由此不能掉队，也就演化成了不能让一个学生成为差生，即成为学业成绩的落伍者。

在我看来，"队"至少可以有以下含义：一是每个人的个性不同，由此带来每个人的智慧潜能的优势领域不同。这是一个人发展方向的不同。二是正因为每个人的智慧潜能的优势领域不同，也就带来了在同一个领域内，每个人的发展水平会有个体差异，会有高、中、低之分。这是一个人在同一领域的发展

─────────

[1] 十指成林是山东省创新教育研究团重要成员崔成林老师的笔名。此文是我们探讨教育问题的一个总结。

152

层次的不同。三是由于每个人的智力水平不同、意志品质不同，在某一个发展领域，虽然一个人与另一个人相比能达到同样的发展水平，但发展速度不同。这就是一个人在某一领域的发展会呈现出快慢的差别。

因此，我个人认为，"队"如果作为评价标准，这个标准应该考虑智慧发展领域、发展层次水平、发展速度快慢的不同。这就是人的个体差异。

"允许掉队"

所谓"掉队"就是一个人在某领域或学科的学习或发展中，达不到某一标准。也就是说，"掉队"总是与某一标准联系在一起的。如果没有绝对要达到的标准，也就无所谓"掉队"。

天下没有两片完全相同的树叶，天下也没有两个完全相同的人。从人的个体差异存在的客观必然性看，每个人的学习或发展，不可能都达到同样的水平。如果我们人为地确定了一个学生学习或发展的标杆，必然会有学生达不到。从这个意义上讲，允许学生"掉队"是对的。不允许所有学生在所有学习领域掉队是不可能的，也是错误的，是扼杀人性，摧残人才的。因此，从人的个体差异的客观必然性上讲，允许学生掉队具有客观必然性。

我们日常教育中存在的问题是，大家总是用良好的愿望代替理性，不允许所有学生掉队，期望所有学生每门学科都是优秀的。 所有领域都是优秀的学生有，但是少数。 大多数学生有些功课好些，有些功课差些，这是客观规律，是不以人的意志为转移的。

"不准掉队"

　　每个人都是生物学意义上的人与社会学意义上的人的统一。 生物学意义上的人决定了人的个体差异性，社会学意义上的人决定了人的共同性。 如果说，人的个体差异性，决定了一个人不可能在所有的领域都达到同样的水平，也就是说，"允许掉队"的话，那么，人的社会共同性，则决定了社会对个体的人的共同要求，这些共同要求是教育必须给予关注的，是教育追求的基本价值之所在。 也就是说，教育在某些方面，又不允许学生掉队。

　　教育不能让学生在道德发展方面掉队，必须帮助学生成长为合格的公民，使其具有合格的公民道德素养。 这是每个教师应尽的教育职责！

　　教育不能允许学生丧失学习的兴趣。 教育什么时候都要点燃学生学习的兴趣！ 一门门学科，就像一扇扇通向知识大厦的门，教师无论什么时候都不能把学生走向知识殿堂的门关上！

教育不能允许学生在其生存和发展必须具备的文化科学素养方面掉队。 也就是说，教师不可能在每门学科中都让学生达到优秀，但尽可能让每个学生达到基本的学业水平要求，这应该是学科教育的底线！

　　教育要给予学生生存和发展的基本能力。 如学习能力、交往能力、合作能力、实践能力、创新精神，等等。 每个教师在自己的教育教学实践中，都要关注并切实培养学生生存与发展的基本能力。

　　……

　　在这些方面，教育是不能让学生掉队的，更准确地说，是不能放弃一个学生的，尽管教育并不是万能的。

　　总之，坚持着，不放弃，虽然我们的学生走得可能很慢，但离心中的理想却会越来越近！ 停下来，放弃它，虽然我们的学生可能暂时摆脱了些许烦恼，但离心目中的理想却会越来越远！

"允许掉队"与"不准掉队"的评价方式

　　"允许掉队"与"不准掉队"，都是相对一定的评价标准和评价方式而言的。 综合学生的生物的个体差异与社会性的统一要求，教育评价的标准和维度应该坚持以下评价标准和评价方式：

多元评价

学校教育要让更少的学生掉队，必须改变用一把尺子来评价所有学生的弊端。 就人的智慧潜能发展的方向而言，是多元的。 教育评价应该尊重学生个性差异，坚持用多个标准来评价学生，争取让更多的学生都能成为成功者，都能抬起头来走路。

分层评价

人的发展在同一个领域，不可能达到同样的水平，要允许人们在同一个发展领域有不同的发展水平。 在同一个学科中，要允许学生的发展有高、中、低之分。 正是基于此，在学科教学评价中，要实施分层评价。

多次评价

正如前面所指出，由于受制于人的智力发展水平和意志品质的差异，即使同一个发展领域，学生的学习与发展速度是有差异的，应该允许学生在发展速度方面有差异，即不能要求所有学生在同一时间达到同样的水平。 为此，应该给予学生多次考试的机会，只要学生达到了课程标准要求的发展水平，教育就完成了自己的任务。 在这里，给学生多次考试机会之后，学生的学业水平以学生得分最高的一次为准。

个体发展评价

我一直主张，教育评价的最重要的目的是为促进和改进学生的学习服务。 正是基于这一理念，我认为，教育评价的本质是鼓励学生超越自我。 在这里，教育评价的目的不是为了鉴别，而是为了检查学生的学习水平，鼓励学生在原有基础上不断提高自己的学业水平，点燃学生心中的希望之火！

社会参照评价

学生总要走出校门，总要接受社会的考核和检验。 选拔性、鉴别性评价是每一个学生都无法回避的。 在这里，有些学生成功，有些学生不太理想，有些学生难免失败，这是不以人的善良愿望为转移的，但我们要给予学生的是不被挫折和失败打倒，在这里失败了，在别的地方能够爬起来。 由此，必须教会我们的学生，人生的道路或者说成才的方向，既不是笔直的，也不是只有一条，条条大路通罗马！ 人生要学会进取，人生更要学会选择！

作业是学科课程教学的重要组成部分①

科学认识作业的价值定位

长期以来，我们对教材研究很重视，对课堂教学很重视，而对作业研究重视不够。似乎作业就是课堂教学的延伸，是课堂教学的巩固与提高。

其实，作业有其独立的课程教学价值。准确地说，作业是学科课程实施的重要组成部分。在假期里，作业更是课程实施的主要形态。我之所以建议关注寒假作业的创新问题，是基于学生对假期作业的种种"吐槽"：

1. 作业缺乏针对性，更缺乏精选和设计，往往简单地照搬书本和各种练习册上的题目，直接让学生做。

2. 作业缺乏生活性与情境性，往往就知识学习知识，就

———————

① 这是我与创新教育团队讨论的重要教育问题之一，当时的题目为"我的作业观"。

知识练习知识,没有应用的情境设计。

3. 作业量太大,单调的重复性作业多,有挑战性的、综合性的、跨学科协同的作业少。

4. 单一的书面作业多,实践性作业少。

5. 文化课作业多,德育、体育、艺术类课程的作业少,甚至根本就没有把这些学习看作是作业的一部分。

6. 规定性作业多,自主选择的作业少。

……

创新性作业要新颖,要能调动学生的学习兴趣,要能引发学生进行深度学习,要能促进学生的综合素养的形成。 我之所以强调作业是课程教学改革的重要组成部分,无非是要强调作业的独特价值,强调作业改革的重要性和迫切性。 作业时间已占据了学生学习生活的半壁江山,改革作业教学的"繁重"与"低效",已成为课程教学改革的重大任务。

坏的作业是对学生生命的最大浪费

我不反对学生在假期里进行有意义的学习,我反对的是学生大量的重复的低效的甚至无效的更无意义的学习活动,这样的学习活动是对学生生命的最大浪费。

这类学生作业大概有以下特点:

1. 千篇一律的作业。 所有学生都做一样的作业，这本身就是对学生学习个体差异性的否定。

2. 直接取自各种公开出版的练习册上的作业，这样的作业没有经过老师的二次加工，就像老师上课没有自己的备课过程，直接照抄别人的教案上课一样。

3. 超出知识巩固规律需要的训练量的作业，即不需要做那么多遍的重复性作业。

4. 只有规定性作业，没有自主选择的作业。

5. 对学生而言，无法调动其内在学习兴趣的作业。

6. 缺乏应用和学习情境的作业。

7. 直接套用公式定理，不用自己对知识进行重组、转换，或者直接应用现成的知识就能完成的作业，没有思维含量和思维价值的作业。

8. 作业样式单调乏味，作业形式长期缺乏创新。

9. 只强调学科知识巩固性学习的作业，不指向学生学科核心素养养成的作业。

好的作业有四个判断标准

在我看来，好的作业有四个标准：

作业在课程标准中的价值定位

设计每一项作业，都要与学科课程标准相关联。 就是说，老师们让学生做的每一道作业，是基于课程标准关于学科教育教学目标的要求而设计的。 这是判断作业好坏的首要标准。

作业在学科知识体系中的定位

看作业和学生认知结构和生活经验之间的具体关系。 老师布置的每一道作业是嵌入学生的学科知识结构的，是和学生学科前置知识的巩固和学科后续知识的发展相关联的。 在这里，作业的价值，或者说，作业的结果，就是促进学科知识的系统化，完善学生的学科知识结构。 因此，判断作业的好坏，要放在学科知识体系中去思考。

作业在学生学习情绪情感中的价值定位

情感的维度、兴趣的维度、挑战性的维度，是判断作业好坏的重要标准。 好的作业能够调动学生的学习兴趣，能够挑战学生的学习欲望，能够调动学生学习的积极性。 也就是说，既有兴趣又有挑战性的作业，可以让学生的主动学习状态在这个作业中激发出来。

作业对完善学生认知与情感模式的意义

好的作业不是简单的一对一的知识的掌握和巩固，而在于学生学科知识结构或者情感结构、社会经验结构的完善。 只有让学生的学科结构，或者社会情绪、实践经验得到完善，学生才能真正感知到学习本身的意义。 学生通过深度的真正的学习，将自己的发现嵌入已有的知识结构、认知结构、情感结构、经验模式，真正的学习才发生了。

此外，好的作业，肯定是以少胜多的作业；肯定是有思维和探索空间的作业；肯定是综合性训练的作业，就像语文的字、词、句、段、篇的训练，不需单独训练，只需要在学生的综合阅读中进行整体训练一样。

课程的意义①

　　课程是什么？　这是每位教育工作者必须认真思考并做出科学回答的问题。　从西方教育史看，人们把课程看作是教育运行的通道、跑道。　我认为，这个隐喻至今仍然是科学的，反映了课程的真谛。　说到底，课程是学校教育实施的载体和有效途径。

　　从终极意义上讲，课程在学校教育中具有核心地位，学校的一切工作都是围绕建设课程、提供课程、实施课程而开展的。　正因为如此，我始终认为，基础教育课程教学改革任重道远。　胶东某县一中经常给我寄送校报，在学校对 2010 年的工作安排中，竟然看不到课程改革四个字！　这说明，学校根本没有确立课程在学校教育中的应有地位，没有把课程建设与课程实施看作学校教育的核心工作。　这说明，校长的课程意识还非

① 2007 年 1 月，我在山东省教育厅开始分管基础教育。关于基础教育，我一直在思考课程问题，思考课程的意义。之所以不断地思考这个问题，从总体上看，是因为大家对课程在学校教育中的地位，对课程与学生发展的意义，对课程与学生学习负担的关系，还缺乏全面的、科学的、深刻的认识。这对于深化课程教学改革、全面推进素质教育带来的消极影响是显而易见的。这是我 2010 年就课程问题撰写的一篇文章。

常薄弱，更谈不上校长对课程的领导力。

为什么说课程在学校教育中具有核心地位？因为学校教育是围绕学生而运行的，学生是学校的太阳！而课程是学校提供给学生的主要产品，是学校联结学生的纽带，是学校服务学生、促进学生学习、成长与发展的根本手段。那么，课程之于学生的意义到底是什么？

课程关乎人的教育权利

人人都有享受教育的权利！人的受教育权首先与受教育机会的供给有关，任何人都不应因出身、家庭背景、经济条件而使受教育权受到剥夺。

以往，人们对受教育权利的关注，大都停留在受教育机会上。现在，随着人们对受教育质量的关注，开始把对人的受教育权利关注的目光更多地投向教育质量。这是人们教育公平意识的重大进步！

不过，谈到教育质量，人们关注的是好学校、好校长、好老师。最明显的现象，就是人们认为择校就是择老师。那么，我们要再追问：为什么要择老师？无非就是优秀教师与一般教师提供的教育质量不一样，而这里的教育质量是通过教师提供和实施的课程实现的。因此，可以说，"择老师"也就是"择课程"。

学校提供的课程既然关乎教育质量，那么也就必然关乎学生的受教育权利。充分享受国家规定的课程，是一个学生的基本权利。一所学校，如果不能按照国家的要求，开齐开足开好课程，就意味着对学生的受教育权利的蔑视，甚至剥夺！

总之，接受国家规定课程的教育是学生的基本教育权，必须受到切实的保护。学校少开一门课程，就是对学生基本受教育权的剥夺。

课程关乎人的全面发展

按照国家课程方案的要求，不同学段的学生课程设置包括不同的领域、门类、模块，高中课程就包括语言、人文、数学、科学、艺术、体育、技术、综合实践等八大领域，15 个门类，众多的模块，等等。同时，按照国家规定的课程管理制度，又包括国家课程、地方课程、学校课程等不同的课程类型①。

我们都知道，党的教育方针历来强调学生的全面发展。人的全面发展不是一句空话，必须通过能够保障学生全面发展的课程方案来实现。在这里，国家课程方案所规定的课程领域、门类、模块，就完全是按照保障和促进学生全面发展的需要而

① 这里谈到的高中课程，是 2004 年教育部颁布的《普通高中课程方案》。2017 年，教育部《普通高中课程方案》对课程做了新的分类。

设置的。 保障学生的全面发展，必须全面贯彻执行国家的课程方案。 在这里，课程无疑关乎学生的全面发展。

古人说，种瓜得瓜，种豆得豆。 不种道德之种，不可能收获道德之果；不种体育之种，不可能收获健康之体魄；不种审美之种，不可能收获学生的审美素养……

现在，有不少学校在贯彻执行国家课程方案方面缺乏严肃性。 随便增减国家课程，随意开设自己认为必要的课程。 特别是，仍有许多学校深陷极端应试教育的迷途之中，为了片面追求升学率，多开应考科目课程，少开甚至不开非考科目课程。 不能不说，这种行为破坏了国家课程结构的完整性，进而破坏了国家课程保障学生全面发展的功能。 毫无疑问，破坏课程结构就是破坏学生的全面发展，就是破坏党的教育方针。 这同样是一种教育违法行为！ 是对学生全面发展的受教育权利的破坏。

课程关乎人的个性发展

党的教育方针，不但强调学生的全面发展，也要求促进学生的个性发展。 学校教育促进学生的个性发展必须依靠课程。 学校课程保障学生个性发展的根本制度就是学校课程必须具有充分的可选择性。

有一次，我陪同时任教育部基础教育司李天顺副司长在邹平县考察教育信息化，梁邹小学开设丰富多彩的可供学生选择的综合实践活动课程的做法，给我留下了特别深刻的印象。

这所学校开设了 80 多门综合实践活动课程，每周安排 3 节这类课程，学生参加什么项目可以自由选择。有的学生从小学一年级开始，可以一直选修某个项目到毕业；有的学生也可以根据自己的兴趣选择多个项目或中间转换自己喜欢的项目。

我记得，自己小时候经常用家乡的泥土捏制小泥人、泥壶之类的，有时冬天就用作取暖用的小火盆。长大了才知道，城里人把这叫作陶艺。我第一次看到高中开设陶艺课程是在青岛二中，初中开设陶艺课程是在桓台县世纪中学，小学开设陶艺课程就是在梁邹小学。

学校如何培养学生的个性？无疑必须通过丰富的可选择的课程来实施。从某种意义上说，学校课程没有任何选择性，培养学生的个性就是一句空洞的口号而已！课程的可选择性，关乎学生的个性发展大计。享受可选择的课程，也是学生的基本教育权利！

课程关乎人的潜能释放

如何才能让学生的智慧和潜能得到充分释放？或者说，让学生的智慧和潜能得到充分释放的条件是什么？我个人认为，学校课程必须具备三个特性：一是课程的丰富性，二是课程的实践性，三是课程的探索性。

学生的智慧潜能具有个体差异性，单一的、单调的课程，是无法满足学生智慧潜能发展需要的。只有学校课程的极大丰富，才能满足学生充满个性差异的智慧潜能发展和释放的需要。在某种意义上，完全可以说，多开设一门课程，就为学生智慧潜能的释放多打开了一道大门。

学生智慧潜能的发展与学生的实践探索具有直接的联系。章丘四中继前几年开展学生的创新思维、创造发明课程实践，并取得重要成果之后，正在深入开展学生的校外实践性学习研究。这一新的探索，将为学生智慧潜能的释放和发展创造新的无限的时空。①

学生智慧潜能的释放和发展与学校课程的探索性具有直接的联系。有一次，我到某县一中考察，看到新建的各种探究实验室很高兴，但高兴之余也让我有些失望。原来，这些先进的设施，只是用来组织学生开展验证性模拟实验，从来没有组织学生开展过探索性的研究性学习。这样的实验教学如何培养学生的科学素养，释放学生的创新潜能？

---

① 2005 年,章丘四中在著名科技老师李昌望带领下开始面向所有高中生开设创新教育课程。2009 年,在著名特级教师王晶华老师带领下,开始探索学科校外实践性学习。

课程关乎人的学习兴趣

梁邹小学开设那么多的综合实践活动课程，家长有什么看法？ 校长当时告诉我：一开始有不少家长不理解，甚至表示强烈反对。 不少家长认为，学生文化课学习负担就已经很重了，开这些课程不是增加学生负担吗？ 再说，升学考试又不考这些课程，这不是浪费学生的时间吗？ 针对这种情况，学校一方面与家长进行充分的沟通，一方面坚持探索与实践。 结果，来自学生家长的反对声音越来越少，支持的声音越来越多。 为什么？ 家长们看到，随着这些课程的开设发生了许多意想不到的变化：学生们越来越喜欢学校、喜欢学习，即使那些原来学习差些的学生，也通过参加自己感兴趣的综合实践活动课程，带动了自己的学科学习。 校长自豪地告诉我：在我们学校，没有一个不喜欢学校、不喜欢学习的学生。

尽管我没有做认真的调查研究，但我坚信校长的话。 其根据，就是学校开设了丰富多彩的课程。

课程多少与学生的负担并没有直接的关系。 课程的丰富性与多元性，可以调节学生的学习状态。 没有兴趣，就没有真正的学习。 基于兴趣的有选择的课程，可以调动学生学习的积极性。 真正有兴趣的学习，不会成为学生的学习负担。

新教育呼唤新学校

过去的学校有三个突出的特点：一是在办学宗旨上，以知识传承为主要目的；二是在资源配置上，以文化课教室为主要教学资源；三是在教育教学管理上，以统一化、规模化为主要特色。这三个特点，从积极意义上讲，适应了普及教育的需要；从消极意义上讲，满足了当下应试教育的需求。

不能不说，经过 30 多年的改革和发展，我国教育已经进入了一个新阶段，那就是从"加快普及、外延发展"走向了"提高质量、内涵发展"的新阶段。在这个新阶段，教育迫切需要从其本质功能的异化状态回到其应然状态——在遵循每个人先天的自然禀赋的基础上，促进每个人全面而有个性的发展。这种教育本来就是千百年来古今中外人类教育的常态，但一段时间来由于"知识本位、升学至上"的急功近利的教育观的极度膨胀，教育的本质功能被扭曲，教育不仅放弃了育人为本的应然追求，而且成了追逐名利、迎合媚俗、出人头地的工具。这种教育在造就一部分人的同时，却在大量地扼杀人，同时也在扭曲被造就的那一小部分人。走出这种被扭曲、被异化的教育，追求教育本质功能的回归，坚定不移地实施素质教育，成为党和国家确定的教育改革和发展的时代主题，成为当今时代教育的最强音，这也就是我们所追求的新的教育。

许多有志之士、众多富有良知的教育工作者，正走在追求新教育、实践新教育的路上，他们的探索和实践正在汇聚成回归教育本质、实施素质教育的巨大洪流，新教育的一缕又一缕曙光正在驱散应试教育的阴霾，素质教育的朝阳正欲喷薄而出。

在这种时代背景下，适应新教育的实施，我们迫切地需要对旧教育留下的物质基础，即学校的校舍建设和资源配置理念与模式进行重新审视，进而依据新教育的价值理念，对校舍建设和资源配置进行重建。 一句话：新教育迫切呼唤新学校的建设。

呼唤标准化学校

新教育有 个基本理念，就是坚持教育公平，让每个孩子享受有质量保障的教育。 这里，所谓有质量保障的教育，首先体现在学校要开齐、开足、开好国家规定的课程，实现国家规定的基本教育目标。 为此，学校在教育资源配置方面，必须坚持一个最基本的底线要求，就是要满足国家规定的开齐、开足、开好课程的基本需要。 为此，国家和地方政府制订了学校建设基本标准，建设符合国家建设标准的学校，这是新学校最基本的要求。 或者说，达不到国家规定的基本设学标准，学校是不能获得"准生证"的。 这里的"标准化学校"涉及学校建设物理空间布局、校舍建设、资源配置等。

与标准化学校相关联的，作为地方政绩形象橱窗的超标准化学校建设行为，甚至一味搞"豪华学校"的做法，必须严厉制止和全面叫停。 这些学校的建设，违背了中小学校教育作为基本公共服务"均等化"的建设原则，说到底，是一种扭曲了的教育政绩观的产物。

呼唤生态化学校

谈到人的教育，人们常讲一句话，"十年树木，百年树人"。 可见，人的成长和树的培育是有共同规律的。 这个共同的规律就是：需要阳光雨露，需要丰富的营养，需要润物无声，需要精心呵护……这里的"阳光雨露"，不仅仅是指教师对学生的知识传授，不仅仅是教师与学生之间的教育教学行为，更要有"物化"的"润育"，即自然环境的陶冶，而这种"物化"离不开适宜的环境，这里的"环境"首先是自然环境。

在历史上，中西方教育都非常强调自然教育。 中国的书院都设在山清水秀、环境优美的地方；西方则更以法国自然主义教育家卢梭为代表，特别倡导自然教育。 这是因为孩子的心灵需要自然的"润泽"，需要在人与自然的对话中，唤醒人的心灵，促进人的成长。

因此，我们呼唤人与自然和谐相处的新学校。 这样的新学校，不仅需要钢筋水泥建设的教室、图书馆、体育馆、艺术馆，更需要有生机盎然的室内外自然环境。

这里的自然环境，人和植物能够和谐相处，能够满足孩子们在室内外学习与生活的需要，能够为孩子们的室内外学习、生活提供适宜的环境、空间和条件。

这里的自然环境，人和植物能够亲密无间。 这里的一草一木，都与学生们的日常生活息息相关，是孩子们在家庭生活、社会生活中能够感知到、触摸到的植物……

这里的自然环境，人和植物能够和谐互动。 校园里的一草一木，都与学生的生命成长有关，孩子们可以主动参与、观察、呵护植物的四季成长。

一句话：这里的自然本身就构成了学校的教育课程。

呼唤绿色化学校

今天，以环保节能为标志的绿色文明正在取代传统的工业文明。 在这种背景下，环境教育已成为国际教育思潮的重要组成部分。 反映在学校教育中，人们不仅主张要通过开设环保教育课程培养未来公民的环保素质，而且必须通过环保节能的学校教育生活本身来培育。

学校建设要率先采用环保节能技术，学校设施布局要符合环保节能的要求。 比如：扩大建筑采光，以节约能源；学校生活、办公用水，通过中水处理进行循环利用；学校的雨水，通过收集集中利用；利用风能、太阳能发电；采用新的供电设施，最大限度地节约用电；等等。

学校师生要共同开展绿色生活。 学校本身就应是一座绿色生活的试验场，要通过开展垃圾分类、节约用电、节约用水、节约用纸等活动，让学生感受、体验环保生活，培养学生的环保素养。

呼唤人文化学校

教育是一种慢的艺术，需要"化育"，其中，最重要的途径之一就是"以文化人"，这里的"文化"，指学校内的一切文明成果，包括物质文明与精神文明、传统文明与现代文明。 这两类文明，又可分为以物为载体的静态文明和以人为载体的动态文明。

以物为载体的静态文明，首先体现为学校建筑的空间布局；其次，体现为学校物理空间布局之上的各类建筑物及其体现出的文明、文化意涵；再次，体现为各类建筑物之上所附着的古今中外的各种文化结晶——以书面语言为表现形式的各种文化经典。

以人为载体的动态文明，其实就是人的素质的外化。 学校应处处跳动着人类文明进步的音符，呈现出令人心旷神怡的文明的风景，弥漫着让人怦然心动积极向上的故事。

人们在建设学校文化时，比较重视以物为载体的静态的文化环境的营造，而相对忽视更为根本的以人为载体的动态的文化的培育及其在学生成长中的重要作用。

在学校文化建设中，要反对将校园文化庸俗化的做法。 比如，有的学校，你走进校园后发现花里胡哨，到处都是标语口号，到处都是名言警句，到处都是古典诗词，甚至连楼梯的台阶也不放过，这既不文明，也不严肃。

呼唤个性化学校

现代学校教育有两个基本理念：一是让不同的孩子学习同样的课程，以满足孩子们社会化的共同需要；二是让不同的孩子学习不同的课程，以满足孩子们个性化的不同需要。 基于此，学校教育资源配置在满足学生共同发展的同时，还必须满足学生个性化发展的需要。

个性化学校从办学设施到教学场所、教育资源的配置，要能满足三个需求：一是学校按照国家课程方案，开设选修课程，满足学生课程选择的需要；二是学校按照自己的办学理念，开设特色课程，适应学校特色发展的需要；三是学校按照学生天赋，满足特殊人才培养所需要的课程开设需求。

为满足个性化学校建设的需要，学校在建筑空间布局上，除了传统的固定的各种教室配置之外，在教室面积大小等规格上，要更加多样化；同时，可以设置更多的能够方便地根据需要进行重新布局、随机调整的教室。

个性化学校天然地反对大规模学校，规模越大离个性化学校的办学理念越远。

呼唤人本化学校

现代学校建设要坚持儿童本位的思想，呼唤人本化学校。

人本化学校在资源布局上要坚持儿童本位，一切以满足儿童的需求、适应儿童的需求为最高原则。有些小学在教室外的走廊上，张贴了许多可供学生阅读的文化经典，但孩子们需要抬起头来仰望之，这显然就没有坚持儿童本位的资源配置理念。

人本化学校迫切需要改变传统的秧田式教室空间布局。秧田式教室是天然适合教师知识讲授的，而当今教室内的教学组织方式正在越来越多地为学生的小组学习与交流分享所代替。由此，必然要求改变教室的空间布局，淘汰过去的条桌式课桌样式。

人本化学校在资源空间布局上，要考虑其与学生的学习、生活半径的距离。有的学校，学生宿舍、餐厅、教室、图书馆、艺术馆、体育馆等相距太远，学生甚至需要骑着自行车在校园里穿行。显然，这样的学校资源配置是违背儿童本位理念的。因此，人本化学校在资源配置上有一种趋势，就是资源配置的服务单元要缩小服务半径。比如，以某一年级为单元甚至将一个年级划分为若干个单元进行资源配置，每一个资源配置单元都包含学生需要的所有资源。

呼唤生活化学校

当今时代，网络已无处不在，网络已经渗透到人们学习与生活的方方面面。这必然会日益影响孩子们的体验式学习与生活实践。虚拟世界向人们的学习与生活世界每渗透一步，现实世界的教育就要强化一步，否则，日益退化的不仅是人的身体，还有人的智慧。因为人的智慧培育，与人的感知与体验是分不开的。因此，当今世界教育面临的一个·重要挑战，就是如何加强生活教育、实践教育。基于此，学校教育资源的配置和利用必须坚持一个重要的原则，就是要千方百计地帮助、促进孩子的学习基于生活，回归生活。

把学校变为师生教学的大课堂。突破传统课堂教学的藩篱，让更多的课堂教学走出传统的教室，置身于生动多彩的学校环境之中，最大限度地扩大学生的参与式、体验式学习所占的比例，让学生在与学校现实生活环境的主动参与中学习、成长、进步。

让学校成为师生创造性生活的殿堂。学校生活本身就是师生的共同创造，就是学校教育的重要组成部分。我主张，在学校教育中恢复勤工俭学传统。学校的各种服务性、保障性岗位，只要适合学生参与的，都要最大限度地减少校外用工，以便转化为学生的勤工俭学岗位。

呼唤效能化学校

随着我国经济社会的不断发展，特别是党和国家对教育重视程度的日益提高，教育战略地位的落实越来越有保障，各级政府对教育的投入越来越大，中小学的办学条件越来越好，经费保障力度越来越大，但是，与教育事业发展的需求相比，与满足儿童发展的需要相比，教育资源永远具有稀缺性。

在教育改革与发展中，一方面，各级政府要继续不断加大投入、提高保障力度；另一方面，广大中小学校要千方百计地提高教育资源的利用效率。不能不承认，由于管理水平、传统教学理念和体制的制约，我国中小学在教育资源的利用中存在着很大的浪费。提高教育资源利用效率，是中小学教育教学改革的重要趋势。

努力减少中小学校教学设施设备的闲置率。 现实中，由于深受应试教育思想的影响，学校重视的是文化课教室的建设与利用，而各种功能教室，如音乐、体育、美术教室，各种实验室、图书馆、会议场馆等资源的利用率极低。 这些资源的利用率高低，反映的不仅是学校资源的利用情况，更反映出学校教育思想的正确与否。 今后，看来有必要把提高这类设施设备的利用率作为学校管理与考核的重要指标。

大力推进学科教室建设。 尽力改变教师办公与学生学习上课在物理空间上相互分离的做法，让教师的工作、学习回到学生中间，增加教师与学生的共同学习生活时间与交往机会。

改变学科教学时间安排的固化思维。 受制于考试升学的学科思维，中小学在教学时间安排上，往往将语文、数学、英语等学科教学安排在上午前三节，而将所谓副科安排在上午第四节或下午。 这种固化学校教育资源的做法，导致教育资源利用的大量闲置。 如艺术场馆、体育场馆、图书馆、实验室等上午都闲置。

提高教学设施设备的综合利用率。 一方面，要改变过去教学场馆设施功能固化的思维，更多地推行一馆多用、一室多用；另一方面，要像国外的学校一样，做好学校的学期和学年工作安排，提高教育资源的使用效能。

建立学校生均资源占有率核算制度。 从学校教育经济学的角度，教育管理部门要加强学校生均教育资源占有率管理，以此强化中小学校的教育资源意识。一句话，我们必须树立教育资源短缺和资源利用效能意识，千方百计地提高学校一切教育资源的利用效率。

衡量中小学校长教育家情怀的三把尺子①

我们正在迎来一个呼唤教育家的时代！因为我们的教育正处于一个从传统教育向现代教育急剧变革的时代。

我们正处于一个教育家匮乏的时代，因为我们的教育已经被极端功利主义所绑架。这种被极端功利主义所绑架的教育，导致人们对教育本原的一系列认识都是扭曲的。在这种极其贫瘠的教育土壤中，教育家的成长是极其困难的。

每个人从娘胎里生下来，都是独一无二的生命个体，都有其独立存在的生命价值和生命尊严。教育的意义和价值，就在于引发每个人积极向上的生命价值，将每个人的生命价值发扬光大。尊重每个儿童的独立人格，弘扬每个儿童的生命价值，既是教育的起点，也是教育的必然归宿。

---

① 2004年，山东省启动齐鲁名师名校长建设工程。这一工程之所命名为建设工程，是因为加入这一工程的人选要接受为期五年的培养培训，按照工程建设合约，经考核合格才能被命名为"齐鲁名师名校长"称号。首届齐鲁名师建设工程入选100人，经过答辩考核合格者只有62名。正因为如此，山东省齐鲁名师名校长在全国有非常高的声誉。我对于齐鲁名师名校长建设工程寄予了很高的期望，呼唤他们要成为教育家。

教育要悦纳每个不同的儿童。 教育是人类社会所独有的培养人的社会现象,这种社会现象的本质体现为对儿童的一种独特的人文关怀,那就是:尊重每个儿童——从父母那里遗传下来的个体体征、智力特点、性格特征以及出生之后从其所处的家庭环境、社会环境所习得的一切,无论是积极的,还是消极的。 一句话,教育要尊重每个来到你面前的儿童。 遗憾的是,在当下的中小学教育话语体系中,抢夺所谓优秀生源成为一大"景观"。 就连一些小学,也要通过名目繁多的测试选拔所谓优秀的学生。 学校需要的似乎不是一个个具有各种发展潜质的人,而是能够在各种考试中获得高分的学生。 在他们看来,分数高的学生就是好学生,至于由各门学科的分数总和构成的学生成绩,与学生个性发展之间具有什么关系,并没有人去关注,更没有人去探究。 学生入学后,人们关注的仍然是学生考试成绩的高低,而不是活生生的、正在发展中的人,更不是学生在成长中呈现出的多姿多彩的富有个性的素质发展,或学科的甚至是职业倾向的自然分化。 当中小学校长们口口声声说生源质量差、生源质量好的时候,他们心目中在乎的已经不是真正的教育,而是在升学竞争的名利场上所能攫取的那份蛋糕到底有多大! 能不能悦纳来到面前的每个儿童,这是衡量中小学校长教育家情怀的第一把尺子。

教育要从每个儿童的个体差异出发。 从某种意义上说,教育就是改进儿童身上消极的因素,弘扬积极的因素,并在这种改进与弘扬中，引领、帮助和促进每个儿童的成长与进步。　尊重差异、利用差异、改进差异、优化差异并弘扬差异，是教育的本质规律。　遗憾的是，在许多中小学校长的教育管理话语体系中，我们常常能够听到"优秀生""待优生""待转化生"这样的概念，似乎学校教育的任务就是通过"补差"去"培优"。而这里的"差"与"优"，只是学生的各科考试成绩，成绩高的就是"优生"，成绩低的就是"差生"。　这种教育，说到底是一种消灭差异的教育，与培养全面而有个性的一代新人的教育宗旨是背道而驰的。

真正的教育，应该直面每个儿童的差异，尊重每个儿童的差异。　只有尊重每个儿童的具体差异，才能真正尊重儿童这个人。　能不能从内心深处发自肺腑地去尊重每个儿童的差异，这是衡量中小学校长教育家情怀的第二把尺子。

教育要尊重每个儿童的个性。　长期以来，不少中小学校长信奉的优秀学生的标准就是"分数+听话"，即只要考试成绩高、听老师的话，就是好学生。　正因为如此，在学校教育中，人们在两个方面不断地扼杀学生的个性。　一是学校、教师、家长一概反对学生学习与应试无关的知识和参加此类实践活动，这就从根本上扼杀了学生多元智能发展的可能性；二是一律严格禁止学生挑战现成世界及其成规的各种行为，这就从根本上否定了学生独立人格成长的可能性。　学校教育必须尊重每个学生的个性差异，为每个学生提供适合的课程。　能不能尊重每个儿童的个性，这是衡量中小学校长教育家情怀的第三把尺子。

只有尊重差异，才有对人的真正尊重；只有尊重人，才有真正的教育。 忘掉分数，留下人，培育人，成就人！ 这是我对有志于成为教育家的中小学校长们的终极期盼。

教师是引领社会前进的人

教育界长期以来一直说：教师是人类灵魂的工程师。 这个观点没有错，但这个观点有点狭窄化了。 教师作为未来社会新人的塑造者，不仅要做社会道德的引领者，还要做社会发展的引领者。 在这里，关于教师的职业定位，从整体上，我们是不是可以说：教师是引领社会前进的人！

不同的时代，由于教师的职业定位不同，对教师的专业素养要求也不同。 为了适应对教师职业定位的新要求，我们必须对教师的专业素养提出新的要求。

走出教师专业发展技术化的误区

教师专业化这个概念是个舶来品。 意思是：教师是一个具有明确的专业素养要求的职业领域。 教师专业化是按照既定的专业目标要求，经过专业教育而实现教师专业素养发展的过程。 由于教师的专业要求是随着时代的发展而不断变化的，所以教师的专业化也是一个伴随着教师职业生涯而进行的终身教育过程。

由此，我国的教师专业化进程是如何推进的呢？

长期以来，我们一直把教育看作是传递人类文化的一种工具，把教师的主要任务看作是传递人类知识。 与此相适应，我们对教师职业的专业素养要求，往往比较关注学科知识，关注教师的知识传授的能力和水平。 基于这种认识和定位，从教师培养到教师的继续教育，我们的教师专业化所关注的始终是围绕着知识传授来展开的：

学科知识素养与教学技能素养是在学校里进行的；

教学基本功是在实践中进行的；

备课与教学设计；

……

在教师专业化的过程中，我们必须注意和反思的一个问题是：尽管伴随着改革开放的步伐，我国的教育改革已走过了30多年的历程，但教师教学的"重复性"和对知识解读的"标准性"却并没有多少实质性的改变，而教师教学的"工匠"色彩和"技术性"却在追求升学率的喧嚣中越来越强，这是与时代对教育转型和创新人才的呼唤背道而驰的。 教师的专业素养不能仅仅局限于专业技能教育，专业技能只是教师专业素养的一个组成部分。 因此，要走出教师专业发展越来越技术化的路线，必须旗帜鲜明地提出：教师不是教书匠！

理想教师的职业形象

为了适应我国教育改革与发展的需要，教师的职业定位和职业性质必须调整。那么，我们追求什么样的教师形象？对于这个问题，改革开放以来，特别是进入世纪之交以来，人们曾经先后提出和描绘了如下教师职业的理想形象：

一是科研型教师。这是伴随着人们对"科研兴教"战略的认同而提出的一种教师职业的理想形象，它强调了教师职业的研究性。

二是专家型教师。这是伴随着人们对教师职业的专业特性的认识提出的一种教师职业的理想形象，它突出了教师职业的专业性。

三是学者型教师。这是伴随着人们对教师职业的知识分子特性的认识而提出的一种教师职业的理想形象，它突出了教师职业的学术性品格。

四是创新型教师。这是伴随着经济社会发展对未来人们提出的创造性素质要求，而提出的一种教师职业的理想形象，它突出了教师职业的创造性。

综上所述，应该说，近年来，人们对教师职业的理想形象的认识越来越深刻，越来越高。从教师职业的研究性、专业性、学术性、未来发展出发，深刻地揭示了教师的专业标准，对于教师队伍的建设具有重要指导意义。

理想教师的三个基本素质

在以上关于理想教师形象的呼唤中，我以为，教师理想形象的四种不同定位，事实上为教师的成长提供了四条不同的路径，每位教师无论从哪条路径切入，都可走进教育的理想境界。但是，我想强调的是，无论哪位教师，要想真正跨入理想教师的行列，以下三种素质是最为关键的：

一是做有思想的教师。苏霍姆林斯基曾说过：校长对学校的领导主要是思想的领导。我要说的是：校长思想领导的对象——教师群体必须是有思想的。做有思想的教师，这是我对教师职业特性的一个基本主张。思想不是想法，思想是独到的见解，是人的哲学观，是人的独特个性的体现。因此，有思想意味着人的独立性。

教师要做有思想的人。思想是人的灵魂，是人的独立性的本质体现。一个人，没有思想，就必然被别人的思想奴役和钳制；一个人没有思想，如同行尸走肉一样。

二是做有文化的教师。山东教育学院的齐健先生曾大声呼吁：教师应该做有文化的人。我对此深有同感。教师没有文化吗？教师有文化吗？我们说，教师是有知识的人，但教师有知识并不等于有文化。

文化是人的修养，是人的修养和境界的根本体现。 教师只有将知识外化为人的文化，知识才是有价值的。 这里的文化，是知识外化为了人的修养。

教师要做有文化的人。

三是做有社会责任感的知识分子。 教师是知识分子吗？无疑教师是有知识的人，但有知识并不等于是知识分子。 今天的教师必须成为有社会责任感的一分子。

当我们的教师具备了以上三种基本素质，教师也就具备了引领社会前进的基本能力。

同时，我们主张：

要让学生的生活丰富多彩，教师的生活要先丰富多彩！

要让学生富有生命活力，教师要先富有生命活力！

要让学生的创造力迸发出来，教师的创造力要先迸发出来！

教育是一种实践智慧

20 世纪 80 年代以来，西方发达国家的教师教育发生了一个重大转型，就是从以大学教育为中心转向以中小学现场教育为中心，即教师培养与培训的主战场从高校教授的课堂转向了中小学优秀教师的课堂。由此，教师专业发展学校，成为教师教育的主阵地。这充分说明，教师的教育教学技能，不是仅靠教育学、教学法教师在大学课堂里讲授教育科学知识和教材教法知识就能培养起来的。在这里，我们可以给出如下公式：教师专业发展＝［（儿童知识+教育知识+学科知识）+教学实践］×教学反思。从本质上说，教育是一种实践智慧。

马克思、恩格斯曾经说过："个人怎样表现自己的生命，他们自己就怎样。因此，他们是什么样的，这同他们的生产是一致的——既和他们生产什么一致，又和他们怎样生产一致。"如此，简单说来，一个人最终成为什么样的人，这取决于这个人在自己生命过程中的具体的生活方式。无疑，教师的生活方式，决定教师职业生活的高度！

教师的职业生活具有两重属性，即教师既是人类教育活动的实践者，也是人类教育生活的研究者。 从这个意义上，我说过，教师既是教育理论的消费者，也是教育理论的建构者。 在某种意义上说，教师是天然的教育世界的探索者和教育理论的建设者。 教师教育理论建构的基本方式，就是对自己教育生活的观察与反思。

由此说来，基于教学实践的经验积累，是教师专业成长的不二法门。 可是，不少教师，教了十几年书、几十年书、一辈子书，仍然是一个没有专业素养的"教书匠"，甚至仍然是一个不合格的、不受学生认可的"教师"。 究其原因，就在于这些教师缺乏了一种可贵的研究品格。 一位教师，你能不能走向卓越，或者说，卓越教师与平庸教师的根本区别，就在于你有没有研究品格；一位教师，你能不能享受到职业生活的幸福，或者说，你能不能走出职业倦怠的困境，永葆教育生活的青春，就在于你有没有研究品格；一位教师，你能不能走进教育的自由王国，或者说，掌握教育的规律，成为教育生活的主人，就在于你有没有研究品格。

说到底，教师的研究品格，体现为教师强烈的教育问题意识、探究意识、科学意识。 问题意识，就是教师要具有对教育教学过程暴露出来的各种问题的敏锐与好奇；探究意识，就是教师要具有对教育教学过程发现的有价值的教育问题的探究欲望；科学意识，就是教师对教育教学过程面临的各种问题，要坚持科学的态度，运用科学的方法去破解。

教师要始终保持对教育的好奇之心。譬如，要不断追问教育的本质，关注纷繁复杂的教育现象，思考教师专业成长的方式，不断改进对课堂教学的设计，探究每个儿童成长背后的奥秘，学习优秀教师的教学思想和教学实践，等等。每位教师究竟如何研究和回答这些教育问题，将天然地透射出他的理论思维和研究品格。

教师要形成一种文以载道的阅读文化。当教师博览群书、深入研究，充实了自己的理论与实践功底以后，博雅之风也就会自然形成；课堂教学中才能做到旁征博引、左右逢源；也只有这样，我们才能渐渐靠近自己的教育理想，步入理想的教育家园，成为大地上厚重的生命歌者。有文化的教师对教育规律的孜孜探求，以及对教育艺术的不断创新，体现为对所任学科知识的求真精神；也体现为对学生发展规律和教学规律的研究精神。

我期待，有更多的教师能活出教师职业生活的"研究味道"，并以此来不断提高教育生活的品质，打开教育生活的幸福之门，走进教育生活的自由王国。

教师的专业智慧

教师要真正懂得课堂应该教什么不应该教什么

备课是教师教学设计的重要环节，每一位教师在上课前都要按照学情、课程标准、教材和参考资料进行备课。通过备课，教师会对教学目标、教学的重点难点、教学应该采取的策略、手段以及教学中应该注意什么问题等，做出规划和设计。因此，我提出教师在课堂上应该知道自己教什么，不应该教什么，这似乎是一个多余的问题，其实不然。我认为，教师根据学情、课程标准、教材和参考，预先设计的自己在课堂应该教什么，不应该教什么，与走进课堂后，自己究竟应该教什么，不应该教什么，并不是一回事儿。因为师生一旦置身于现实的教学情境之中，教师课前预设的教学目标、重点、难点，与学生实际需要学习、掌握的目标、重点、难点，往往并不一致。由于教师对学情的把握不准确，况且每个学生的学情又是处于变化中的，这种情况，是会常常出现的。

作为一个教师，必须清楚地知道，每一位学生对于课堂上要学习的内容而言，并不是一张"白纸"，他们是或多或少地带着与课堂学习内容相关的知识和经验背景走进教室的。因此，教师预先设定的教学内容、目标是一回事，学生真正需要学习和掌握的内容和目标又是一回事。只有当二者真正实现有效对接之后，教师的课堂教学才真正能够找到自己的有效起点。我认为，能够找到自己课堂教学的有效起点，这是教师必须具备的专业智慧之一，也是教师课堂教学的首要任务。不然，对于每个学生而言，教师的有效教学就不会真正发生。

美国著名教育家布卢姆曾提出了影响教学质量的三大前提，这就是：认知前提、情感前提和课堂教学的质（即课堂教学适应学生个别差异的程度）。我认为，课堂教学的有效起点也就是学生的认知前提和情感前提。一般来说，学生对课堂教学有两个方面的准备：一是认知准备。也就是学生与教学内容相关的生活经验和知识储备。二是心理准备，也就是学生对学科、对学科教师及其教学的兴趣、感情好恶等。教师的课堂教学必须从科学地了解和把握学生的认知前提开始，从激发和调动学生的学习积极性开始。为此，教师必须通过教学活动准确了解以下三个问题：一是学生已经知道了什么？二是学生还想知道什么？三是学生自己能够解决什么？把这三个问题搞清楚了，也就明确了本节课教学的主攻目标和课堂教学的真正起点。

教师要真正懂得如何将知识转化为能力

我们说，中国的教育有自己的优点，就是学生对基础知识、基本技能的掌握比较扎实，但是，我们也要承认一个事实，就是中国学生的创造性发展不够。 或者说，创新精神和实践能力不强。 面对 21 世纪世界综合国力的激烈竞争，我们必须把培养学生的创新精神和实践能力，提到我国教育改革与发展的当务之急的高度来认识。 习近平总书记强调，素质教育是教育的核心，要求发展素质教育。 素质教育就是要解决培养什么人和如何培养人的问题。 说到底，素质教育要以德育为核心，以培养学生的创新精神和实践能力为重点。 针对我国过于重视知识传授的教育现实，发展素质教育，给我国中小学教师专业素养提出了一个重大的要求，就是要从过去的善于传授知识走向重视知识教学的同时，必须学会培养学生的创新精神和实践能力。

我们说，任何教学过程都是依托知识进行的，创新精神和实践能力的培养也同样离不开知识教学。 在这里，一个关键问题是：教师要树立正确的知识观。 知识既是教育的目的，更是教育的手段。 也就是说，人类社会的经典知识既构成了学生学习的目的，也是学生以知识学习为凭借，发展能力、形成智慧的手段。 与此相适应，我认为，在自己的教育教学过程中，教师必须清楚地知道如何将知识转化为能力，因为知识掌握与能力发展常常是不同步的。这是教师必须具备的专业智慧之二。

要让学生在知识学习中既掌握知识，又形成能力，教师必须转变单一的讲解接受式的教学方式，通过自主学习、合作学习、探究学习、深层学习等方式，让学生经历知识产生与发展的类似过程，并在这个过程中内化知识，建构知识，形成能力。

教师要真正懂得如何将学生的学习兴趣从课内引向课外

从总体上讲，西方某些国家教育在课内教的知识并不多，也并不深，但他们的教育为什么却能赋予学生更高的创造性？我国的教育在课内给了学生那么多的知识，却为什么让我们的学生远离了创造的源泉？美国教育的秘密是什么？我国教育的问题症结究竟在哪里？我认为，就教育内部而言，与我们将课内的知识学习延伸到课外，让知识学习几乎占据学生的所有生活空间不无关系。

由于应试教育的压力，在不少地方学生的学习出现了课内与课外趋同的现象。就是课内学习与课外学习就其内容和性质来讲都是被动的知识学习和知识训练，学生很少有课外自主学习的时间和空间。这是我国中小学教育界出现的非常可怕的现象。一方面，它既摧毁学生的学习兴趣，也封杀了学生知识向能力转化的时间和空间；另一方面，它既扼杀了学生的个性，更扼杀了学生创造性的发展。 为国家计，为民族计，为儿童计，到了改变这种状况的时候了！

在某种意义上说，一个学生能不能成才，能不能成为一个优秀的创造性人才，在我看来，并不取决于课内的学习，而是取决于课外的发展。 因为课内的教是为课外的不教打基础的，课内的学是为课外的发展打基础的。 这个基础有两个方面：一是打下学习兴趣的基础。 也就是说，教师要通过课内的学习引发和培养学生的学习兴趣，让学生对学习始终充满兴趣，愿意学习，喜欢学习；二是打下知识向能力转化的基础。 这个基础既包括学生在课内对基础知识的扎实掌握，更包括教师给予学生的将知识转化为能力的方法和路径。

我主张：要让课外学习成为学生将课内知识转化为能力的空间；要让课外学习成为学生自主发展的空间；要让课外学习成为学生创造性发展的空间；要让课外学习成为学生个性发展的空间。

打开教师职业生活幸福之门的钥匙①

人生就是为幸福而来。 一个人来到世间，没有哪个人不想让生活过得幸福、快乐、美满。 从这个意义上讲，获得职业生活的幸福，是人生的价值和归宿。

我历来认为，教师职业生活是否幸福，是否充满生命的活力，不仅关乎教师自身的职业生活质量，更直接影响学生的学习生活和生命质量，影响学生的成长、进步与发展。 教师的职业生活是否幸福是天大的事！

遗憾的是，今天许多教师不仅并未享受到职业生活的幸福，反而被一种对职业生活的倦怠所包围，这不仅是教师群体职业生活的危机，更是我国教育事业存在的许多重大问题的一种直接反映。

百岁老人杨绛先生曾经用十个字来概括自己的人生，这就是"简朴的生活，高贵的灵魂"。 我对《菏泽教学研究》的最大期盼，就是透过这本杂志，能够真实反映教师职业生活的方

① 2002 年 1 月至 2016 年 9 月，我在山东省教育厅一直分管教师队伍建设工作，对教师教育怀有深厚的感情。这是我应邀为《菏泽教学研究》撰写的发刊词。

方面面，包括教师的教育教学生活、精神生活、文化生活、日常生活，深切呼唤教师高尚的人生境界，热情讴歌教师精彩纷呈的职业生活，广泛传播教师献身育人伟业的大爱之心，引领每位教师去寻找自己职业生活的精彩与幸福，从而让《菏泽教学研究》成为广大教师最向往的精神家园。这将是十万菏泽教师之福，更是百万菏泽学子和数百万菏泽家庭之福！

"追求幸福本身就是教师职业生活的价值之所在"，这将是教师教育哲学的一块基石。寻找教师职业生活的幸福，就是寻找教育的真谛，就是寻找师生共同创造美好教育生活的现实之路。

在我看来，教师职业生活的幸福有三大源泉，广大教师可以沿着以下三个路径，去打开教师职业生活的幸福之门。

得天下英才教育之乐

孟子曰："君子有三乐，而王天下不与存焉。父母俱在，兄弟无故，一乐也；仰不愧于天，俯不怍于人，二乐也；得天下英才而教育之，三乐也。"古人讲，千里马常有，而伯乐不常有。一个老师能否"得天下英才而教育之"，关键不在于有没有"英才"，而在于在芸芸众生中你能不能培育和发现"英才"。对广大教师而言，不在于你去用世俗的眼光刻意挑选所谓的"英才"，而在于你是否拥有"爱满天下"的教育情怀。

你只有去爱每个孩子，去培育每个孩子，你才有机会发现和培育天下"英才"。显然，教师要想获得"得天下英才而教育之"的快乐和幸福，必须有一颗大爱之心。

我始终认为，一位真正的教师，必须具有"大爱之德"。具有"大爱之德"的教师，是没有资格挑选学生的，是不会去挑选生源，更不会去争抢所谓好生源的；具有"大爱之德"的教师，不会抱怨自己的学生学习不好，她只会伸出自己的双臂去拥抱自己的学生，只会用自己的心灵去感化自己的学生，只会用自己的教育智慧去帮助自己的学生，让每个学生健康成长，成为最好的自己；具有"大爱之德"的教师，不会让自己的教育教学活动沾染上铜臭之气，不会让自己的大爱之心蒙上"贫富贵贱"的世俗气，更不允许通过金钱来让度自己的教育之爱；具有"大爱之德"的教师，在自己的爱心投放上，不会追求"马太效应"，会更多地投射到那些最需要关爱的学生身上，会更多地去"雪中送炭"，而不是追求"锦上添花"。

分享儿童生命成长之乐

正如叶澜教授所言：教育是一项直面生命的事业。

如果将教师与医生这两个职业做比较的话，从哲学的终极意义上讲，教师这个职业是与正在成长中的生命打交道，而医生却是与正在走向消亡的生命打交道。与可爱的充满活力的生命打交道，做呵护生命之花的"天使"，并在与生命共舞的教育历程中，分享学生生命成长的快乐，这是教师职业的最大特点。

作为一个优秀教师，要走进每个学生的心灵，要关注每个学生生命的成长与进步，要善于把身子蹲下来去倾听儿童生命拔节的声音。这是当老师的应该获得的最大的幸福，是教师职业生活最幸福的事儿。

作为一位教师，其职业生活的价值，具体而言，体现在以下三个方面：一是呵护孩子的生命活力。当教师的，首要任务就是呵护孩子的生命成长，说到底就是要顺天性而育之。遗憾的是，在现实的教育教学中，许多教师却反其道而行之，天天做着"截长补短""拉短补长"的事儿。二是要激扬孩子的生命活力。说到底，教师要为每个孩子的生命成长创设条件、提供机会。三是要帮助孩子释放生命的能量。说到底，就是要为每个孩子提供广阔的舞台，让孩子们在适宜自己生命舞蹈的舞台上去尽情挥洒自己的生命能量。

正是在呵护、激扬、释放孩子生命活力和能量的教育教学活动中，孩子们才能实现自己生命的成长与进步，教师才有机会去分享孩子生命成长的快乐。这正是教师职业生活幸福的最大源泉！

一位教师想要有机会分享孩子们生命成长的快乐和幸福，就必须走进儿童生命的深处。在这里，教师不能只与学生的学习生活打交道，必须与儿童生命活动的所有领域打交道。 一是要走进学生的学习生活。 学习生活是教师与学生生命联结的主要方式，也是教师职业生活的主要对象，但是，不能不强调，学生的学习生活方式必须走出单调的以上课、作业和考试为主要形态的接受型学习，应该有更多的探究学习、实践学习、深层学习生活。 二是要走进学生的团队生活。 团队是学生社会性成长的重要方式，一个学生有什么样的团队生活，往往反映了学生成长的社会成熟水平，教师必须善于走进、融入、引领和组织好学生的团队生活。 三是要走进学生的交往生活。"近朱者赤，近墨者黑"。 交际生活是人的重要生活样式，学生的交际生活，无论与成人的交往，还是与同伴的交往，都会深刻地影响孩子的心灵与成长。 走进学生的交往生活，这是教师影响孩子成长与进步的重要途径。 四是要走进学生的日常生活。学生往往在学校教育生活的可控范围之外，拥有自己独特的个人生活领域，这些领域往往会成为学生个性发展的独特领域。五是要走进学生的家庭生活。 家庭生活样式，构成了学生生活与成长的重要背景，也是影响孩子健康成长的重要因素。 作为老师，要积极地影响和促进孩子的成长，必须走进孩子的家庭生活。 一个老师只有真正走进儿童生命活动的深处，才能真正走进儿童灵魂的深处，去聆听儿童生命拔节的美妙声音。

探求教育未知之乐

苏联著名教育家苏霍姆林斯基说过："如果你想让教师的劳动能够给教师一些乐趣，使天天上课不至于变成一种单调乏味的义务，那你就应当引导每一位教师走上从事研究这条幸福的道路上来！……凡是感到自己是一个研究者的教师，则最有可能变成教育工作的能手。"好奇心是儿童探究未知世界的最伟大的动力，成人世界的职业生活同样需要好奇心的支撑。在与儿童生命打交道的过程中，探究儿童生命成长的奥秘，这是教师职业生活最激动人心的事情。每个教师要在自己的教育教学生活中永葆教育的好奇之心，这是教师保持教育之青春活力的秘诀之所在。

走到教师们中间，常常有人唉声叹气，说教师普遍存在职业倦怠。我从来不认为存在什么职业倦怠，我只认为存在人的生命倦怠。一位教师职业倦怠了，他的职业生活的灵性也就从此凋零了。要唤醒教师的生命活力，永葆教育之青春与活力，没有别的道路可走，只有永葆一颗教育的好奇之心，用自己的全部心血去探究儿童生命成长的奥秘！

如何探索儿童生命成长的奥秘？一是要探索儿童德性成长的奥秘。作为教师，要千方百计地去探知儿童身上逐渐显现出来的道德的善，即在道德发育上的优势，以此来促进儿童的道德成长，并为儿童自己的人生引航。二是要探索儿童学科学习的奥秘。 苏霍姆林斯基主张，让每个儿童找到自己喜欢的学科。 在儿童寻找自己喜欢的学科的过程中，老师要给予引领、指导和帮助，特别是要不断地给予儿童相应的高峰学习体验的机会。 善于帮助儿童创造高峰学习体验，享受高峰学习体验的幸福，是帮助儿童打开学科智慧之门的钥匙！ 三是善于探索儿童指尖上的奥秘。 一个人的智慧，不仅表现在心灵上，更表现在动手操作上。 不是心灵手巧，而是手巧心灵。 作为教师，要善于发现儿童的动手智慧，反过来，动手智慧会促进儿童的智力发展。 四是要探索儿童身体成长的奥秘。 一个人的运动智慧与人的智力智慧是相互促进的。 老师要善于引发和培育儿童的运动智慧。 五是要探索儿童艺术爱好的奥秘。 艺术作为儿童的生活方式，不仅影响儿童生活的品位和质量，而且影响儿童的创造力的发展。 教师应该竭尽全力去培育和发展儿童喜欢的艺术领域和表现方式。

一个教师要永葆对教育的好奇之心，没有别的灵丹妙药，只有不断发现儿童成长背后的奥秘，而汇集和表征这个奥秘的最佳载体就是儿童成长个案。 当一个教师，一旦积累了几十个、上百个真正有价值的儿童成长个案之后，你就会不断发现儿童成长的真正奥秘，你就会不断获得分享儿童生命成长的幸福的机会，你就会成为一个真正幸福的教师。

在我看来，一般教师与卓越教师的差别，无非就是卓越教师积累和创造的儿童成长个案，比一般教师多些而已。

第四辑

教育·变革

要"内在自觉"，不要"组织霸权"①

"我们反对这种霸权主义"

前一段时间，我收到一位老师的来信，对于一些地方强迫组织教师利用双休日学习意见很大，并用了一个词：我们反对这种"霸权主义"。看了这封信，我感慨万千。我愿把这封信公开与大家分享，请看这位教师的来信：

尊敬的张厅长：

您好！

新的一学期开始了，正月十六日，星期五。我们的学生在这一天开了学。当大家正在期盼着第二天的双休日的时候，我们接到了学校的通知：因年前各单位放假较早，上级统

---

① 2008年1月开始，山东省在全省范围内启动新一轮素质教育改革，我们提出了"三个还给"的主张，即把时间还给孩子，把能力还给孩子，把健康还给孩子。其中，一个重要的做法就是：节假日、双休日不上课。在把这些时间还给孩子们的同时，教师们也提出自己休息的合法权益如何得到保护的问题。

207

一要求进行调休,正月十七、十八两天各单位继续上课,课程安排周三、周四的课。人家双休日都没点幸福感了,这下我们托教育厅的福,第一次仍然没有过上双休日。于是大家期盼着第二个双休日的到来,终于3月1日、2日两天在开学的第二周我们过上了第一个双休日。大家沉浸在无比感激张厅长的情绪中,终于盼来了3月8日的周六,这一天还是我们妇女同志的节日。本来,我们想愉快地放松一下,庆祝自己的节日。哪知道,市教育局的领导早已为我们做好了安排,请仔细查看邮件的附件。

我们知道教师需要学习,我们也知道我们应当与学生共同成长,可是我们反对这种"霸权主义"——不征求老师的意见,把老师一点也不当成"人"来对待。我们想请张厅长解释一下,谁来保证教师的双休日呢?

尊敬的张厅长,请您关注我市的教育,请您关注我市的教师,请您向有关领导反映我们的意见。谢谢。收到此信后,请把您的想法告诉我们。谢谢。

我看了这位老师寄来的某某市教育局关于组织教师学习活动的通知、活动安排、活动要求、考核办法等。不能不承认,这项活动安排是非常具体的、很有针对性的,只要教师们认真参加,一定能有所收获。但老师们为什么要反对教育行政部门、教科研部门好心办的这件好事呢? 不能不引起我们的深思！

学生需要减负，教师同样需要减负

随着我省规范办学行为工作的逐步推进，全省绝大多数学校开始把节假日、双休日还给学生，在这种情况下如何对待教师的节假日、双休日？ 或者说，如何对待学生减负与老师减负的关系？ 有人提出了这样的观点：素质教育对教师提出了更高的要求，学生的负担要降下来，教师的负担要加上去。 为什么？ 意思是：要推进素质教育，教师素质不适应，必须提高，为此，各级教育行政部门和广大中小学要组织教师学习，加强对教育教学规律的研究，提高教师队伍实施素质教育的能力和水平。

仔细研究上述观点，你会发现有些对错参半，有些似是而非。"对错参半"是说，上述观点有对的成分，但也有错的内容。"似是而非"是说，上述观点对病症的诊断是对的，但开出的药方却是有问题的。

学生的负担要降下来没错，这是我们规范办学行为的重要任务之一。 那么，我们要减轻的学生负担是什么？ 无非就是违背教育法律法规、违背国家课程方案、违背教育科学规律和儿童身心发展规律的错误做法，特别是节假日、双休日不休息，晚上统一上课，把自习分到学科等错误的做法。 那么，我们要深思的是：在学生背负着这种过重负担的同时，老师们同样也背负着这种过重的负担，学生的负担要减轻，难道教师的这种负担不同样需要减轻吗？ 自然，老师们就要反对"学生的负担要降下来，教师的负担要加上去"这种说法了！

但是，我们不能不说，从规范办学行为，到真正实施素质教育，的确面临着一个需要尽快调整教师教学行为的重要课题，的确面临着部分教师队伍素质不适应的问题，因此，加强教师队伍建设，尽快提高教师队伍素质，是各级教育行政部门和广大中小学面临的一个重大挑战！ 问题的重点在于，我们究竟应如何激发和调动教师专业发展的内在积极性。

专业发展：要"内在自觉"，不要"组织霸权"

我们必须承认：学生需要减负，教师同样需要减负。 笼统地说：学生的负担要降下来，教师的负担要加上去是不对的。让教师们随意加班加点对吗？ 教师们付出的是超负荷的劳动，但换来的不是学生的健康发展，不是民族素质的提高，失掉的却是教师的身心健康，以及教师对自身职业生活幸福感的缺失，等等。

在这里，有些学校仅仅把教师每天的上课时间算作上班时间，算下来每天只有六个半小时，于是晚上让老师再坐班一个半小时，这样的做法是完全错误的。

我们必须承认，随着办学行为规范工作的逐步推进和深化，教师的教育教学行为要调整。 在这个调整过程中，教师们要休息的合法权利，教师们要减负的要求，教师们反对晚上强制坐班等要求，是合理的。

我们必须承认：在还给学生们节假日、双休日和晚自习的时间和空间的同时，也要把这些时间和空间还给教师们。 但是，在这里，我们还要告诉老师们的是：正如把节假日、双休日、晚自习的时间和空间还给学生们，不是让学生们不学习，而是让学生们自主安排自己的学习与生活一样，还给老师们的这些时间和空间，同样需要老师们做好调整身心的工作、专业发展的工作，等等。

我们必须承认：把节假日、双休日、晚自习这些时间还给老师们，不是对老师们的事业心、责任心要求的降低，而是大大地提高了。 对于老师们来讲，虽然直接面对学生组织教学的时间减少了，但对于促进学生发展的责任要求更高了，对于教育教学活动的针对性要求更强了，对于教育教学活动的质量和效率的要求更高了……

不过，我在这里也要纠正一个非常流行的错误观点：随着办学行为的逐步规范，老师们教学的时间减少了，但教学的内容还是那些，因而对教师教学的要求更高了。 这个观点是错误的。 事实上，大家常常谈道：过去山东的学生高考分数为什么那么高？ 其实，是我们自己把分数"炒高"的。 我们学生学习的时间和教师教学的时间大大超出了国家课程方案的要求，这不仅没有必要，还对学生的发展有害。因为你在知识学习方面用的时间多了，就必然会减少学生其他方面发展的时间，从而危害学生其他方面的正常发展，进而影响孩子们整体的健康和谐发展。这是得不偿失的错误做法！

另一方面，我们有些老师也常常说：新课程改革难度是降低了，但考学的要求没有降低，因而我们老师教学的要求就不能降低。这个观点同样是错误的。不是考学的要求没有降低，而是任何升学考试都要有一定的区分度，不然考生之间拉不开距离，就没有办法组织录取。只有我们老师的教学难度回到课程标准上来，我们的考试难度才能逐步降下来。在这里，绝对不是越考越难，而是由于我们越教越难，才导致越考越难。走出教学与考试难度的"囚徒困境"，最关键的是教师的教学回到国家课程标准和学业质量标准上来。

我们必须承认，随着素质教育的逐步深入实施，对老师们的素质提出了越来越高的要求，各级教育行政部门和广大中小学校必须把加强教师队伍建设放在整个教育改革与发展中更加重要的位置上来，必须采取更加切实有效的措施来加强教师队伍建设。问题是，我们如何才能加强这项工作，如何才能真正有效地促进教师队伍素质的提高。

一要调整学校的干群关系。教师不是"打工仔"，校长不是"老板"。二要调整教师的工作心态，找回教师职业的幸福感。 三要建立新的教师工作评价机制，促使教师把工作的着力点真正回到"育人"上来。 四要为教师的专业发展创造环境、氛围、条件和激励机制。 学校要帮助和引导每位老师找准自己专业发展的"真正起点"，制订一份自己专业发展的"可行计划"，拟定一套保障自己专业发展的有效措施，包括评价办法，等等。 五是尊重教师专业发展的自主权，给予教师们自主学习的时间和空间。

我相信，老师们是需要学习的，老师们是愿意学习的，老师们是希望学习的，只不过老师们也是"人"，他们需要尊重，他们需要自主……

总之，一句话：对于教师的专业发展来讲，要"内在自觉"，不要"组织霸权"。

走出"高考拜物教"①

一

　　每年的高考，不少地方，为了给考生创造一个安静的备考和考试环境，就连建筑工地也要停工，建筑垃圾、渣土都要停运，等等，可以说，做到了"一切为考生让路"。高考，关乎孩子的未来，关乎家庭的命运，似乎怎么重视都不过分。其实，冷静想想，建筑工地、运送建筑垃圾、渣土的车辆招惹考生什么啦？这样保护考生权益的结果，是不是在损害其他人的正当权益？这种所谓保护考生利益的行为，对考生本人的成长到底是利还是弊？又有多少人思考过？

　　有一位官员，给我讲了发生在他自己家里的故事：妻子为了监督女儿学习，专门在女儿房间的门上装了一个猫眼，不时

---

　　① 2008年1月，山东省启动新一轮素质教育，其中重要的改革举措之一，就是禁止宣传高考状元、高考升学率。每年高考分数公布之际，我的重要任务之一就是要写文章引导社会舆论，理性对待高考、高考成绩。本书收入了几篇这类文章，此文是2018年所写。

地趴在猫眼上看看女儿是否在学习。一会儿不看看，心里就不踏实。时间长了，女儿也感到奇怪，妈妈怎么知道自己在房间里干什么呢？可怜天下父母心啊！可冷静想想，这么监管下成长起来的孩子，她自己将来又能走多远。

在高考期间，我也看到了中央电视台关于那所被冠以所谓"亚洲最大高考工厂"的中学的报道：警车开道，几十辆大客车送学生去六安考场准备高考。警车开道的车牌是"91666"，意思是"就要顺顺顺"。道路两边，家长夹道欢送。学校的操场上一直不断地播放那几首送行的歌曲：《好日子》《好运来》《旗开得胜》。我不知道，这些报道究竟要向社会传递什么样的信息。

每年，人们在盘点一个地方的教育政绩的时候，最能挑动人们神经的，似乎都是这个高考季里发生的各种故事。

冷静想想，在我们这个高考大国，演出的高考话剧何止这一出两出。

就像农民种庄稼一样，一年一个收成。要获得好收成，就要有好种子，于是"抢生源""花钱买好苗子"的闹剧常年在不少地方上演；有了好收成，就要卖个好价钱，于是，各地"状元"们可以"待价而沽"，那些所谓的重点大学招生人员，在高考分数出分的当天，早就潜伏到各省，通过威逼利诱，争取先拿到考分名册，然后去做高分学生本人和学生家长的工作，这所学校的游说者前脚走，那所学校的工作队就进来了，各自摇动巧簧之舌，许以各种诱惑，恨不得将天下的所谓"状元"全部一网打尽，没了一点大学之斯文。他们这些人也挺可怜的，明明知道多几分、少几分，并不能决定人才的培养质量，但他们已彻底被面子所绑架。

当然，还有各种"庆功剧"，也有"互掐剧"，你说你第一，我说我第一。在这里，谁是第一已不重要，教育的斯文与尊严，就连教育无论如何都不能突破的底线——诚信，也早已成了一地鸡毛。

这一切，都以高考的名义，这一切都以高考改变命运的名义，在各地上演。

二

1977年，全国恢复了高考制度，莘莘学子迎来了改变命运的机会。可以说，高考制度的恢复，成为当时国家百废待兴、拨乱反正的关键一着，成为当代中国改革开放的先声，成为亿万家庭改变命运的重要路径。

弹指一挥间，39年过去，我国高等教育事业已经发生了翻天覆地的三大变化：一是从精英高等教育进入大众高等教育。在许多地方甚至已进入了普及教育阶段，高等教育机会短缺的时代已成为过去。二是高校毕业生就业已从国家计划分配转变为市场自主择业。大学生能否通过上大学改变自己的命运，已经不能靠大学生这个身份自身来决定，而是由其所接受的大学教育本身所给予的能力和素质来决定。 三是人们走进大学之门的路径已经多样化，已不再只有一次性高考这个"独木桥"。在这种情况下，高等教育及其高考所承载的功能，与39年前恢复高考制度时相比，已发生了重大变化：高考不再像精英高等教育那样直接承担改变学子命运的功能，而是为每个人提供其适合的高等教育学习机会，从而为人们的生活、就业、谋生奠定基础。

可是，受"高考决定命运"这种精英教育高考功能观的影响，整个社会形成了"唯升学率马首是瞻"的教育政绩观，每逢每年的"高考季"，炒作高考状元、高考升学率的各种声音甚嚣尘上，重奖高考状元、高考升学率的报道不绝于耳。 一年一年，周而复始，导致整个教育都在围绕高考来运转，以至让高考状元、高考升学率的宣传、炒作绑架了整个教育，教育的功利性越来越强，离党的教育方针、离教育的本质越来越远。

以高考论英雄，这种片面的教育政绩观，扭曲了教育的本质。 当一个地方，把追求高考升学率作为教育政绩的主要追求时，这个地方的教育往往就会陷入单纯重视智育，而忽视德育、体育、美育的泥沼之中。 这种应试教育，极大地挤压了人的全面发展的时间和空间，扭曲了教育的本质，是与党的教育方针所追求的人的全面发展相背离的。

以高考论英雄，这种片面的教育政绩观，导致基础教育的

同质化倾向越来越严重。 教育成为工厂，成为制造大学生的流水线，这种追求大规模、工厂化的办学思维，与人的成长、与人的培养规律是背道而驰的。

以高考论英雄，这种片面的教育政绩观，极大地挤压了我国教育改革的空间。 人们明明知道单纯的应试教育是违背教育规律的，但在片面的教育政绩观驱使下，谁也动弹不得，谁也不敢冒险去实施教育改革。 这就是为什么我国教育改革的顶层制度设计一个又一个，但各地的教育运转却原封不动的根本原因。

以高考论英雄，这种片面的教育政绩观，严重削弱了我国教育的竞争力。 不少地方把高考升学率作为评价教育的主要依据，这种片面的教育政绩观，已经绑架了我国教育的改革和发展，使整个教育陷入了日趋严重的升学竞争之中，重复学习、重复训练成为许多地方的教育常态……以至于各地普遍提前结束初中、高中的新授课程进行备考，事实上等于缩短了我国中小学教育学制，导致中小学生接受新知识学习的时间越来越短。

以高考论英雄，这种片面的教育政绩观，制造了大量的考场失败者。 我们的应试教育体制，只承认"英雄"，只崇拜"学霸"，整个学校体系就像众多的"绵羊"围绕着一只"藏獒"来玩，"成者王侯败者寇"，导致大量的学生以失败者的心态进入社会。 国家兴办教育事业，从根本上说，是为了促进每个公民全面而自由的发展，而不是为了片面追求高考升学率，更不是为了追求少数人的升学成功，而是为了每个孩子的成功提供良好的教育。

以高考论英雄，这种片面的教育政绩观，严重扼杀创新人才的培养。 人才是多样的，教育是多样的，可我们的高考制度以总分论英雄，截长补短，在他们看来提高总分才是王道，在这样的应试教育体制下，我们的教育不是鼓励个性发展的教育，更无法为创新人才的培养提供多样化的课程和成才路径，培养学生兴趣、张扬学生个性的教育道路几乎被堵死。

以高考论英雄，这种片面的教育政绩观，并没有给社会底层的孩子真正打开社会流动的通道。 不然，人们就不会关注近年来重点大学农村学子占比下降的问题，国家也就不会出台各种面向农村学子、贫困地区的"专项计划"。 人们将"高考"看作是社会公平的基石，看作是弱势阶层改变命运的唯一通道。 问题是，一方面，越是弱势阶层的子女，其受教育条件、家庭教育环境越差，获得优质教育资源和优质教育机会的可能就越低，同时，更不可能通过额外的教育补习去提高升学能力；另一方面，在残酷的升学竞争中，如果学生获得的应考知识不能转化为素质和能力，他们在走向以能力为本位的社会竞争大舞台的时候，因为缺乏必要的社会资本，更会处于弱势地位。 这就使一些贫困家庭的子女，大学毕业一旦无法找到工作，非但自己不能改变命运，甚至会导致整个家庭因教致贫。

因此，以知识传授为本位的应试教育，并不是农村孩子的"盛宴"。

以高考论英雄，这种片面的教育政绩观，引发了全社会日趋严重的非理性教育思潮。 片面追求高考升学率，把高考看作是决定命运的关键一战，导致全社会弥漫着一种非理性的教育思潮。 在这种高考决定命运的非理性教育思潮的蛊惑之下，人们谁也不敢输在所谓的起跑线上，而这个起跑线越画越早，早到胎教、早教、幼儿园啦！ 中国的儿童，从此成为没有童年的一代。 这种教育危害的是一代又一代人心灵的健康，导致我们的孩子小小年纪就失去了积极的人生体验。

以高考论英雄，这种片面的教育政绩观，形成了一大批应试教育的"食利者"。 当全社会陷入对高考升学率的盲目崇拜时，当片面追求升学率的教育政绩观统治教育时，整个社会就围绕着应试教育形成了一个长长的利益链条，各种竞赛、培训、有偿家教、补课……培养了一大批寄生在高考这根利益链条上的"食利者"。 作为利益集团，一方面他们自身已成为阻碍教育改革的一股重要力量；另一方面，他们让有钱人获得了更多的教育机会，已经破坏了教育公平的基础。

以高考论英雄，这种片面的教育政绩观，给我国青少年的健康成长带来了严重的伤害。 根深蒂固的应试教育，将我国少年儿童牢牢地摁在日益扭曲的升学竞争的战车上，他们早早地失去了童年，给整个人生基调留下了灰暗的消极体验；他们早早地就被灌输了一种"多考一分，干掉千人"的"有你无我"的丛林思维，扭曲了这些孩子的健全人格；他们早早地被迫成为全社会劳动时间最长的一个群体，导致这些孩子的"早熟"……

三

以高考论英雄，这种精英教育的高考功能观，以及由此而形成的片面的教育政绩观，已经成为我国教育健康发展的一种"异己"力量。

这让我想起了拜物教，这是把某种物当作神来崇拜的一种原始宗教。在原始社会中，原始人由于对自然现象缺乏理解，以为许多物体如石块、木片、树枝、弓箭等具有灵性，并赋以神秘的、超自然的性质，以及支配人命运的力量，从而形成了拜物教。

走出"高考拜物教"，挣脱"高考"以及由此形成的这种片面的教育政绩观对教育的统治，迫切呼唤全社会教育理性的回归。

德国哲学家康德在《什么是启蒙运动》中说："启蒙运动就是人类脱离自己所加之于自己的不成熟状态，不成熟状态就是不经别人的引导，就对运用自己的理智无能为力。当其原因不在于缺乏理智，而在于不经别人的引导就缺乏勇气与决心去加以运用时，那么这种不成熟状态就是自己所加之于自己的了。要有勇气运用你自己的理智！这就是启蒙运动的口号。"

走出"高考拜物教"这一影响、束缚、制约我国教育健康、科学、可持续发展的"异己"力量，需要我们以极大的教育理论勇气，运用我们的理智，正确认识高考的功能。

今天，全社会关注高考、支持高考、理解高考是好事，但是，围绕高考的一系列非理性认识必须进行彻底的清理。

高考关乎人的命运，但高考并不能决定人的命运。高考的成功并不等于人生的成功，高考的根本意义就在于为不同的人提供其适合的高等教育机会。高考重要，但高考并不是教育的全部，更不是教育的根本。高考升学率关乎教育质量，但教育的根本目的并不是为了追求高考升学率，而是为了促进每个人全面而有个性的发展。

从教育的终极意义上讲，一个人赢得发展比赢得高考更重要；一个人一旦赢得了发展，就一定会赢得高考。归根到底，评判一个人所接受的高中教育是否成功，并不是高考本身，而是为人的一生的成功奠定了什么样的基础。

从政府层面讲，各级政府兴办教育要彻底走出为少数学生升学服务的"精英思维"的束缚。政府举办教育绝不是为少数人升学，更不是为少数人升入重点大学服务的。判断一个地方教育健康与否、成功与否的标志，是人民群众受教育机会的保障水平和每个人身心健康发展的水平。

从社会层面讲，全社会要尽快走出争相为第一名喝彩的"状元思维"的束缚。热炒"高考状元"，比拼"北清率""一本率"，这种只为少数人的成功喝彩的教育思维，一方面，在全社会助长了应试教育的政绩观，催生了愈演愈烈的非理性教育思潮，恶化了全社会的教育环境；另一方面，不承认学生的差异，用一把尺子来衡量所有学生的成功，只承认少数学生的成功，将大多数孩子打入失败者的行列，恶化了学生的成长、成才环境。

　　从学校层面讲，学校教育要走出一切围绕考试升学运转的"应试思维"的束缚。学校教育应该有基本的教育理性，学校不是为应试而存在的，学校教育存在的终极意义是为了培养人、造就人，育人永远是学校教育最神圣的使命，否则，学校也就失去其自身存在的意义；学校教育应该有基本的法治意识，必须遵循宪法所确立的国家的教育宗旨，必须遵守国家的教育法律法规，否则，学校就失去了培养现代公民的资格；学校教育应该有基本的科学精神，必须尊重教育规律，必须依靠教育科学，否则，学校也就失去了现代精神；学校教育应该有基本的底线思维，学校在追求升学功利时，不能以牺牲学生的全面发展、健康发展、长远发展为代价，否则，学校教育就失去了应有的教育正义。

　　从家庭层面讲，家庭教育要走出根深蒂固的"望子成龙""望女成凤"的"龙凤思维"的束缚。这种思维最大的危害在于：把教育当作孩子"出人头地""光宗耀祖"的工具，把孩子考试的成功当作孩子人生的成功。 这种思维让家庭教育患上了"近视症"，孜孜以求的是孩子在考场上的成功，而忽视了孩子最可宝贵的"成人教育"：品格、能力、个性、创造性⋯⋯从"龙凤思维"到"成人思维"，这是中国家庭教育转型的必然趋势，也是中国教育的最大希望！ 必须承认，今天的时代，今天的父母，已经具备家庭教育回归理性的条件。

为全民教育焦虑"降降温"

当下的中国教育,日益成为每个家庭头疼的事情、担心的事情、焦虑的事情,已经成了影响国人幸福指数的一个重大民生问题。这样的教育,需要浇点凉水,降降温了。

教育焦虑,似乎没有哪个家庭能幸免

教育是社会公平的基石。 让孩子接受良好的教育,寄托着每个家庭的希望!

教育本来是让每个家庭充满希望和幸福的美好事业,无奈今天却让无数家庭陷入了日益严重的焦虑之中,几乎无一家庭能够得以幸免。

对子女前途命运的焦虑

在"微信"圈中,常常会收到这样的调侃图片:熟睡的婴儿，身边放着一张纸条，上面书写着"离高考还有多少天"的警示语。 看后，你可能会会心的一笑，但这一笑背后又浸透着多少家庭的苦涩，对子女未来命运的那种捉摸不定的无名的焦虑，那种从小就要把孩子们投入残酷的升学竞争中去的无奈……

"择校"焦虑

多年来，为了抢占一个好的学位，好的"学区房"年年涨价。 在首都北京，动辄十几万、二十几万，甚至炒到三十几万元一个平方米。 对此，似乎人们习以为常，见惯不怪了。 这都是"择校"惹的祸！

这几年，北京又出现了新名词，叫"占坑班"。 怎么占？义务教育实行划片招生、就近入学，明的不行，咱就通过站在公办学校后面的民校招生，民校又通过站在它背后的培训机构进行提前教学。 你想上名校吗？就先上培训机构接受高价培训吧！

其实，这种通过所谓"占坑"来抢夺名校学位的现象，正在向全国许多地方蔓延。

今天有多少家庭不得不为——

上一所好的幼儿园，焦虑！

上一所好的小学，焦虑！

上一所好的初中，焦虑！

上一所好的高中，焦虑！

上课外班焦虑

中国人制造了一个特别让国人焦虑不安的口号，叫着"不能输在起跑线上"。是啊，有哪个家庭愿意让自己的孩子"输在起跑线上"呢！就是这样一个似是而非的口号，让多少家长陷入了让孩子们比着报课外班的焦虑之中。你家孩子上了，我家孩子不上不就吃亏吗？你怕吃亏，我怕吃亏，那最好的选择，只能让孩子多报班、多跑路、多辛苦啦！

为了"不输在起跑线上"，大家都开始"抢跑"。你抢跑，我抢跑，那就看谁家的孩子"抗折腾""抗揉搓"啦！

杭州市政协委员、杭州时代小学校长唐彩斌调查发现：周一至周四，家长给孩子布置额外作业的占到 61.7%，双休日布置作业的占到 75.5%。周一至周四，晚上开始参加培训的占 50.0%，甚至 20.1% 的学生参加两个以上的培训班。周五至周末，没有参加培训的仅 8.8%，参加两个班以上的 70.9%，3 个班以上的占到 44.6%，甚至有 4.7% 的同学参加 5 个班以上。

在田径场上，参加比赛的选手都有统一的起跑线，统一的起跑令，谁要提前抢跑，就要取消参赛资格。可是，在通过上课外班这种"抢跑"行为抢占优质教育资源方面，又有谁能够取消抢跑者的资格呢！

课外培训市场日益火爆，家长们因课外教育而产生的焦虑高烧不退！

日常考试焦虑

大家都知道，高中学生苦，高中学生各个学科都有月考、段考、期中考、期末考；到了高三，还有什么一模二模三模。可悲可怜的是，这种考试周期，在不少地方已经向小学、初中延伸，小学生也搞什么月考、期中考、期末考……而且，凡考试就要排名，就要通知学生家长。由此，家长和孩子的周期性考试焦虑，成为日常生活的常态。

我们的教育，哪里是在"育人"，是在赤裸裸的"育分"！说到底，一切都是在围绕考试和升学转。

家庭教育经济负担焦虑

中国教育学会发布的一项报告显示，2016 年我国中小学生课外辅导行业市场规模超过 8000 亿元，参加学生规模超过 1.37 亿人次。

北京大学中国教育财政科学研究所的调查表明，2017 年，全国学前和中小学教育阶段生均家庭教育支出为 8143 元，其中农村 3936 元，城镇 1.01 万元。分学段来看，学前阶段全国平均为 6556 元，农村为 3155 元，城镇为 8105 元；小学阶段全国平均为 6583 元，农村为 2758 元，城镇为 8573 元；初中阶段全国平均为 8991 元，农村为 4466 元，城镇为 1.1 万元；普通高中全国平均为 1.69 万元，农村为 1.22 万元，城镇为 1.82 万元。学前和基础教育阶段全国家庭生均教育支出负担率为 13.2%，其中农村为 10.6%，城镇为 14.3%。 分学段来看，学前阶段生均家庭教育负担率为 10.7%，农村为 8.4%，城镇为 11.7%；小学阶段生均家庭教育负担率为 10.4%，农村为 7.5%，城镇为 11.9%；初中阶段生均家庭教育负担率为 15.2%，农村为 13.6%，城镇为 16%；高中阶段，普通高中生均家庭教育负担率为 26.7%，农村为 30.9%，城镇为 25.6%。

越来越沉重的家庭教育经济负担，成为年轻夫妇们生活中一个难言轻松的话题！

孩子负担过重的焦虑

据研究，在 2012 年的 PISA 测试中，我国参加测试的省份学生报告的平均每周课外学习时间 13.8 小时，名列第一。 加上校外辅导和私人家教，每周校外学习时间达 17 小时左右，远高于 OECD 国家的平均值 7.8 小时。

根据中国青少年研究中心"中国少年儿童发展状况"课题的发现，与 2005 年相比，2015 年学生上课外班的时间大幅度增长，学生日上课外班的时间为 0.8 小时，是 2005 年的两倍；休息日上课外班的时间为 2.1 小时，是 2005 年的 3 倍。

一方面，家长们拼命地通过各种方式加重学生的课内外负担，另一方面，全社会又深深地担忧孩子负担过重带来的各种严重后果。

焦虑，焦虑，焦虑……

教育，俨然已成为影响全民身心健康、影响家庭和谐幸福的最大的民生问题。

2017 年 12 月发布的《中国中小学生写作业压力报告》显示，78%的家长每天陪孩子写作业。"陪写作业"已成为中国家长幸福感下降的主因之一，也成为亲子关系最大的"杀手"，75.9%中国家长和孩子因写作业发生过矛盾。

教育焦虑，是如何让每个家庭"病魔"缠身的

这一切，是如何形成的?

长期以来，人们都坚信"知识决定命运"。这是哲学家培根的名言。那么，要改变命运，就要获得知识；要获得知识，就要上学；要更好地获得知识，就要"上好学"。而所谓"好学校"，永远是一种稀缺资源。由此，每个家庭都陷入了千方百计地去抢占一个所谓的"好学位"的教育焦虑之中。

1977 年，恢复高考。那是在国民经济百废待兴、人才极其匮乏的背景下。那时候，入了大学门，就意味着有了铁饭碗，因为国家"给户口""给编制""给工作岗位"，对于那些父辈们长期以来从事着"面对黄土、背朝天"的农民家庭来讲，当然是改变命运了。因此，一时间，"高考决定命运"这句口号，

在改革开放以来的中国大地被唱响。

但是，时过境迁，随着我国高等教育的快速发展，高校毕业生包分配的局面很快就被打破，高校毕业生通过市场竞争机制才能就业。高考直接决定命运的时代很快就终结了！

但是，人们仍然认为，上一般大学不行上好大学行，上专科不行上本科行，上本科不行上重点本科、北大清华才行！如此，谁都想攀到高等学校金字塔的那个塔尖上去，每个家庭都陷入了考大学、考好大学的焦虑之中。

一个地方、一个政府，办教育到底为了什么？

办人民满意的教育，这是多年来各级政府官员挂在嘴上、写在报告上的一个重要理念。这个理念到了现实中，就直接变成了追求中考、高考升学率。"人民满意的教育"与中考、高考升学率成了同义语。

这里的"升学率"，自然是重点学校的升学率。就高中阶段教育来讲，它讲的不是普及率，不是全口径的包括中等职业教育的升学率，而是升入重点高中的升学率；就高等教育来讲，它不看考入高职高专的升学率，甚至不看本科的升学率，要看考入一本的升学率；有些地方甚至不看一本的升学率，要看升入北大清华的升学率……

在这样的教育政绩观导向下，全社会只有少数家庭、少数孩子是成功的，大多数都成了失败者。

匪夷所思的是，那些没有进入重点高中、重点大学的"看客家庭"，尽管自己的家庭、自己的孩子是这场升学竞争大宴的"陪客"，不但没有反思在这场竞争中，自己的家庭、自己的孩子得到了什么，而且还起劲地为这场竞争叫好！ 在地方政府教育政绩考核满意度评价中，毫不犹豫地投下自己满意的一票！

我们之所以说，这种教育政绩观是扭曲的，关键是，这种以升学率为本位的教育政绩观，日益偏离了教育的本质，离人民满意的教育越来越远。

教育焦虑：都是极端功利主义教育惹的祸

教育焦虑，说到底，是对于孩子未来的前途和教育之路的特殊关切带来的一种不确定性的情绪反应。 导致这种生理性焦虑甚至病理性焦虑的根本原因，归根到底是政府、社会和家庭对教育和教育规律的认知不科学。 或许可以说，全国需要一场教育科学的启蒙！

不忘初心，方得始终。 我们要走出极端功利主义教育的陷阱，必须让教育回归初心，就是要回归教育本初的功能、价值和规律。

适合的教育就是最好的

"择校"是当前每个家庭陷入教育焦虑的一个重要方面。选择一所好的学校让孩子前往读书，这是人之常情，无可

232

厚非。

造成择校的原因很多，关键的就是教育资源配置的不均衡。应当承认，进入新世纪以来，各级政府围绕促进义务教育均衡发展做出了极大的努力。可以说，义务教育学校之间的差别，正在日益得到缩小。

每个儿童都是独一无二的，每个儿童的家庭环境和成长环境都是独一无二的。与其在择校方面陷入教育焦虑而不能自拔，不如通过学校、家庭与社会共同努力，为自己的孩子创造一种适合的教育。在这方面，无论是学校、还是家庭都大有可为。

不以危害孩子的身心健康为代价

现在，从整体上讲，我国中小学生的课业负担过重是一个不争的事实。无论是社会还是家庭，一方面，望子成龙心切，学校与家庭在教育方面，不断给孩子加班加点；另一方面，又为中小学生的课业负担过重而深感忧虑。

不要忘记，我们让孩子接受教育，其本心是为了促进孩子的社会化成熟，是为了促进儿童的身心健康成长，一切教育都应该以不危害孩子的身心健康为前提，更不能以危害孩子的身心健康为代价去追求考试分数和升学成绩。

尊重教育和儿童成长规律

教育是有规律的，儿童的成长是有规律的。不能不承认，人的德智体美劳全面和谐发展是教育的规律，人的身心和谐发展是儿童的成长规律。全球 PISA 测试中，上海的经验告诉人们，每周超过 10 小时之后的作业，付出的时间与学业的进步呈负相关，也就是说花的时间越多，学习效果反而不好。山东省高中教育质量综合监测的结果表明，高中学生睡眠时间达到 8 个小时以上的学生，其学业成绩是最好的。

唤醒儿童内在的向善和向上的力量

人有两种作为一个人必须全力呵护、培育、弘扬的力量：一种是与自身、与社会、与自然和谐相处的力量，这就是人的向善的力量；一种是改造自我、改造社会、改造自然的力量，这就是人的向上的力量。

要让我们的孩子走得好、走得快、走得长远，学校教育必须给予儿童这两种力量。唤醒儿童内在的向善和向上的力量，这是学校教育的天职，也是教育最伟大、最神圣的使命。

培育就业创业和幸福生活的能力

一个人，从幼儿园，到小学初中、高中，到大学，再到研究生教育，不管读多长时间，终究要离开学校，进入社会。也就是说，到学校读书，不是目的，目的是通过学校教育造就自己进入社会就业创业和幸福生活的能力。这是一个人接受学校教育的终极价值。

为教育焦虑降温:从停止炒作高考状元和高考升学率做起

在这个高考季,为教育降温,不妨先从停止炒作高考状元和高考升学率开始。

我是停止炒作高考状元和高考升学率的最早的倡导者和坚定的推动者。有人说,高考状元和高考升学率,你能管得住吗?你不给数据盘,人家不会自己统计、自己算吗?有人说,高考状元和高考升学率,你让不让宣传,不都是一种客观存在吗?有人说,农民种庄稼,一年下来还要算算收成,我们三年教育下来,校长、老师们拼死拼活的,还不能拢个数,总结个成绩吗?

这一切,从其本来的意义上讲,都是有道理的,都是天经地义的。但是,我之所以恳切希望全社会按照教育部的要求,停止以任何方式宣传、炒作高考状元和高考升学率。这是因为——

我迫切地期望,通过停止炒作高考状元和高考升学率,逐步为降低各级政府官员的教育政绩观焦虑创造条件。全社会如果那么起劲地炒作高考状元和高考升学率,客观上揭开的是各地的"教育面子",其结果,必然是几家欢乐几家愁,它必然会挑动各级政府的日趋激烈地追求高考升学率的那根神经,在片面追求升学率的道路上越走越远。如此,教育的环境会更加扭曲，教育会离我们的初心越来越远！

我迫切地期望，通过停止炒作高考状元和高考升学率，为各个高中学校逐步回归教育本质创造良好的环境。让日益喧嚣的高中教育喘口气、缓缓劲，让一点清新的空气挤进来，给那些已经麻木了的教育灵魂一个慢慢苏醒的机会。

我们迫切地希望，通过停止炒作高考状元和高考升学率，给每个家庭创造一个静下心来，冷静地思考孩子的成长之路、教育之路如何才能走得更好的时间，让家长们逐步冷静地去对待教育、对待自己的孩子，为孩子的健康成长和接受健康的教育，创造更好的环境。

我们迫切地希望，通过停止炒作高考状元和高考升学率，给全社会创造一个能静下心来，更好地思考教育、反思教育、对待教育的机会……

让每个孩子自信地迈进大学之门

对于参加高考的每个孩子来讲，高考不是决定谁进入天堂，谁进入地狱的"岔路口"。高考只是考生们选择什么样的高等教育学习之路的"分发器"。高考没有失败者，高考人人都是成功者。不是进入哪个大学就能决定命运，而是学习决定命运。大学几年如何生活、如何学习决定命运，没有一个人是进了大学门就直接被决定命运。它决定的不是你的命运，决定的是你要经历什么样的大学教育生活。

天生我材必有用，适合的就是最好的！ 我们要让每个家庭都看到希望，让每个孩子对自己未来的高等学校学习生活都充满自信。

每个考生都要珍惜青春年华。 花有重开日，人无再少年。希望每个参加高考的学生认真反思自己的人生道路，不负青春年华，认真思考未来的人生之路。

智能时代的学校教育变革①

李开复先生在《人工智能》一书指出："从 18 世纪至今，300 余年间，人类通过三次工业革命，完成了自动化、电气化、信息化的改造。'人工智能'的社会意义将超越个人电脑、互联网、移动互联网等特定的信息技术，甚至极大的可能，在人类发展史上，成为下一次工业革命的核心驱动力。"

我认为，这次工业革命将实现人类社会的智能化改造。或许可以说，人类将进入智能时代。在这样的时代背景下，学校教育如何变革？

---

① 近年来，大家都在说未来已来，积极探索未来学校教育变革的方向。2017 年 11 月 19 日，我曾应邀在一次学术会议上作了《走向未来学校的十大变革》的学术演讲，这 10 个问题包括：1. 人本化——新素质教育时代；2. 开放性——学校不再是封闭的孤岛；3. 定制化——课程供给从统一批发走向个人定制；4. 综合化——课程组织从分科走向综合；5. 实践化——课程实施：书本学习+实践学习；6. 产品化——课程产出：思维产品+实物产品；7. 自组织——学校组织：从班级授课走向学习共同体；8. 智能化——学校教育手段：走进人+机器时代；9. 协同化——家校教育边界的消解与重构；10. 合作化——学校治理：从传统管理走向现代治理。后来，我把这一讲座的主题确定为《智能时代的学校教育变革》。本文是根据 2019 年 10 月 29 日在威海国际教育研讨会上的报告记录稿整理而成。

教育的人文性:教育的价值转型

十多年来，我一直在追问教育的本质究竟是什么？ 我越来越坚定地认为，人文性是教育的本质属性。 人是社会化的动物，儿童的学习与成长离不开集体交往的方式，离不开师生、生生的互动。

美国哈佛大学脑科学家约翰·梅迪纳曾经讲过："只有最基本的人际沟通才能营造最自然的学习状态。"该结论得到了各个发展科学领域的实证支持。 智能光靠冷冰冰的、没有生命的机器是培养不出来的；只有在温暖和充满关爱的土壤中，孩子的智力才会萌芽。 完全可以通过和孩子面对面的交流来重塑他的大脑发育过程。

党的十八大报告强调立德树人是教育的根本任务。 学习知识固然重要，但育人比掌握知识更重要。 尤其是在人工智能时代，我们需要重新思考教育的价值。 科幻作家雨果奖获得主郝景方认为："在未来，工厂机器流水线留给机器人，人会以更加富有创造性的方式与流水线竞争。 人的独特性会体现出来：思考、创造、沟通、情感交流；人与人的依恋、归属感和协作精神；好奇、热情、志同道合的驱动力。"李开复认为，"只有人的精神个性，才是人工智能时代里人类的真正价值。"我个人认为，"在未来人工智能教育中心的舞台上，知识技能教育将让位于情感、创新与价值。"

2019 年 10 月 12 日，我参加"明远教育奖"的颁奖典礼活动，"明远教育奖"海外类颁奖授予了两位国外教育家，其中霍华德·加德纳教授没有到现场，但是他发表了一个视频讲话。他说："我是研究人类多元智能的，但近 20 年一直在思考一个重大问题，人类如何驾驭智能？"他说，"德国有两个伟大的语言天才，一个是歌德，用自己的语言天赋，写出了伟大的诗歌；一个是纳粹分子戈倍尔，用他的语言天赋去播撒仇恨的种子。"在这里，我把加德纳教授提出的"人类如何驾驭智能"称之为"加德纳之问"。这一重大命题促使我进一步思考人类教育价值从科技中心向人文主义的转向。我们说善是人类的最高的学问，是人类教育的终极价值。也就是说，人的德性和价值观将成为终极价值的最高学问。可以说，习惯铸就人格，德性开启未来。

教育的全域性：学校教育边界的消解和重构

2015 年 5 月 23 日，习近平总书记在致国际教育信息化大会的贺信中强调："当今世界，科技进步日新月异，互联网、云计算、大数据等现代信息技术深刻改变着人类的思维、生产、生活、学习方式，深刻展示了世界发展的前景。因应信息技术的发展，推动教育变革和创新，构建网络化、数字化、个性化、终身化的教育体系，建设'人人皆学、处处能学、时时可学'的学习型社会，培养大批创新人才，是人类共同面临的重大课题。"

显然，在现代信息技术革命推动下，学校教育的时空边界消失了！人类正在迎来一个全域教育时代。学校教育、家庭教育、社会教育、网络教育等"四个赛道"上跑着同一个选手——学生。在全域教育时代，学校教育必须发挥教育的领导者角色，着力解决以下四个问题：一是线上教育与线下教育的融合；二是学校教育与家庭教育的协同；三是学校教育与校外教育的衔接；四是学校教育与社区教育的共治。

教育的集智性：从封闭的教师个体教学走向开放的集智化教学

诺贝尔物理学奖得主斯蒂芬·温格曾经说过："在知识网络化之后，房间里面最聪明的绝对不是站在讲台前给你上课的老师，而是所有人加起来的智慧。"这给我们什么样的启示？未来教育可以借助人工智能手段，重构人类教育的人力资源配置方式，实现从传统的教师个体劳动向集智化教学的转型。

人类社会生产力不断提高的秘诀，就在于人类不断地依靠技术进步促进人类社会生产的分工与合作。但在人类教育领域，教师的教育教学活动始终沿用着人类个体的传统的生产方式，或者说，仍然是教师个体劳动占领着学校教育教学活动的舞台。

在人工智能时代，人类的教育教学活动迎来人力资源配置的技术革命——学校教育人力资源配置的分工与合作时代已经到来。

我曾提出配置学科首席教师的构想。学科首席教师负责学科课程的设计、开发与实施。每位学科老师都是团队课程研发成员，但首席教师是主导，在首席教师的领导下，可以实现本学科教学的分工协作。这就是学科集智化教学的新样态。与此同时，学校完全可以开放学校人力资源配置市场，引进校外高水平课程资源。

教育的自组织性：从班级授课制走向学习共同体

从组织的进化形式来看，可以把它分为两类：他组织和自组织。如果一个系统靠外部指令而形成组织，就是他组织；如果系统按照相互默契的某种规则，各尽其责而又协调地自动地形成有序结构，就是自组织。自组织现象无论在自然界还是在人类社会中都普遍存在。

在人工智能时代，教育的自组织特性将日益凸显，自组织性将成为未来学校教育的重要特征。要加快学校教育自组织建设，推进学校教学组织细胞——让班级授课制的组织形式从教学型组织向学习型组织转变。

西方工业革命时期，人类社会为了满足工业革命对大量技术工人的需要，发明了班级授课制，这成为现代学校运行的基本组织细胞。在人工智能时代，需要对班级授课制这一教学组织形式进行重构，把服务于教师知识讲授的教学型组织，转变为学生主导的自组织的学习型组织。包括教学共同体——新班级建设；学习共同体——学生学习社团建设；教师发展共同体——教师专业组织建设，等等。

日本学者佐藤学教授认为："学习共同体是一个整体，"协同学习"只是其中的一个零件。"学习共同体主要包括愿景、哲学和活动系统，三个方面共同构成了学习共同体的整体性。第一，学习共同体的愿景是不让一个学生掉队，把每个学生作为主人公，尊重每一个学生的学习权利。在这里，教师要取得每位家长的信任，让每位家长共同参与教学，和孩子共同进步；第二，学习共同体的哲学基础，包括民主性、公共性和卓越性。这里的"民主性"是一种联合的生活方式，是一种共同交流经验的方式，用杜威的话说，这是与"他者共生的策略"。这里的关键，是大家的平等对话。这里的公共性，是尊重每个学生的学习权和尊严，使学校成为"和而不同"的个性交响的场所，将学校组织成公共空间。这里的卓越性，就是让每个儿童各尽所能追求自身的最高境界；第三，活动系统，以学习作为学校生活的中心，废除一切学习所不需要的东西，设计"活动的、探究的、反思的学习"组织教学，建构基于倾听的对话教学，通过"倾听、串联、反刍"推进"卓越性"（有挑战的）学习。

教育的个性化：课程供给的定制化

自西方教育发明班级授课制以来，人类教育一方面受益于这一制度得到了快速的普及，另一方面也在寻找各种途径平衡这一制度对教育者个体差异的忽视。

受应试教育的影响，我国教育更是深陷同质化教育的泥潭而不能自拔。落实立德树人根本任务，转变育人方式，提高育人质量，迫切要求我国教育走出同质化教育的陷阱。人工智能时代的教育价值，已经无法靠传统的同质化教育来实现了。李开复先生认为："人工智能时代，程式化的、重复性的、仅靠记忆与练习就可以掌握的技能将是最没有价值的技能，几乎一定可以由机器来完成；反之，那些最能体现人的综合素质的技能，例如，人对于复杂系统的综合分析、决策能力，对于艺术与文化的审美能力和创造性思维，由生活经验及文化熏陶产生的直觉、常识，基于人自身的情感（爱、恨、热情、冷漠等）与他人互动的能力……这些是人工智能时代最有价值、最值得培养、学习的技能。而且，这些技能中，大多数都是因人而异，需要'定制化'教育或培养，不可能从传统的'批量'教育中获取。"正基于此，近年来我国中小学教育改革呈现出"去同质化"的趋势。学校教育未来课程的供给，将从学生围绕着学校开设的统一课程，转向学校围绕着学生的个性化需求来配置资源。相应地，课程供给方式将从"统一批发"转向"个人定制"。但这种转型，并不是对学校按照国家方案设置的统一课程的否定，而是对过去单一的必修课程设置制度的调整，是适应学生个性发展的需要，对学校教育课程结构的优化。

人工智能时代，学校将越来越走向"精准教育"。在这里，教师的职业角色定位将发生重要的变革。研究学情、发现学生学习的独特性、研制和供给适应学生差异需求的课程，将成为教师职业的主要角色，教师将从知识的教授者到学生学习活动的设计师和课程资源供给者。当然，这里的"精准教育"要防止陷入服务于应试教育的题海训练的需要，一味地为学生提供大量知识训练素材的误区。

教育的综合化：课程组织从分科走向综合

佐藤学先生在他的《教育方法学》中，谈到课程编制的两个逻辑：以"学科"为单位的学习和以"主题（课题）"为中心的学习的差异，就是以文化领域为基础的学习与以现实问题为对象的学习间的差异，这两者建构课程的逻辑是不同的。就我国当前中小学教育的实际看，无疑学科逻辑过于强大，主题逻辑则微不足道。

在人工智能时代，人类教育的价值转型后，课程供给的组织形态也要发生相应变化，"去学科化"改革是中小学课程改革的一个重要趋势。当然，这里的"去学科化"改革，同样不是对学科课程的全盘否定，而是在学校教育的整个课程供给中增加"主题化""跨学科""生活化"的课程。

我认为，未来学校教育每个学科的课程结构都应走向"双轨制"，即"学科课程+主题课程"。当然，这里的"双轨"，并非追求两类课程的均衡安排，而是以学科课程为主导，辅之以主题课程，进而实现知识传承与素养培育的和谐统一。

教育的建构化:课程实施应从身心分离到身心合一

西方工业革命和科技革命思潮，加之中国特殊的社会发展阶段和文化传统导致的应试教育，造成的知识教育在整个现代教育中的"僭越"，带来的一个重要不良后果就是教师和学生教育生活的"身心分离"。

心理学研究的许多新发现显示，知识学习和储存的方式并不完全以抽象概念的形式存在于人的大脑皮层之中，而是借助人的整个身心体验系统进行知识的学习与建构。清华大学心理学主任彭凯平教授说过，"伟大的知识永远是和身心体验联系在一起的。"让学生的学习回到具体的情境中去，这是未来学生教育改革的重要方向。

中国教育30人论坛成员，清华大学著名学者钱颖一先生曾经说过："人工智能就是通过机器进行深度学习来工作，而这种学习过程就是大量地识别和记忆已有的知识积累。这样的话，它可以替代甚至超越那些通过死记硬背、大量做题而掌握知识的人脑。"死记硬背、大量做题正是我们目前培养学生的通常做法。所以，一个很可能发生的情况是，未来的人工智能会让我们的教育制度下培养学生的优势荡然无存。

在人工智能时代，我们要重新思考学生学习的本质。学习的本质不是被动地接受知识，而是主动发现与建构知识。这就要求教育方式和学生学习方式的变革。未来学生的学习，必将呈现出"去训练化"的趋势，教师将越来越多的由讲授知识转向组织学生对知识的主动学习、探索和建构。基于此，师生的教学过程将实现由"身心分离"向"身心合一"的回归。

教育的智能化：学校教育走进人机协同时代

每一次教育技术的革命，都是对人类教育生产力的解放。互联网教学的真正意义是促进人类教育教学活动的智能化。从这个意义来讲，未来学校会呈现"去人工化"趋势。这里的"去人工化"是指学校教育将实现人与机器的分工和协作。该交给机器的交给机器，该让机器辅助的就让机器辅助，该教师自身充分发挥作用的领域就由教师承担，充分发挥教师引导学生学习、组织学生思维活动和情感建构的那些机器教学无法替代的独特作用。由此，人类教育将进入"人机协同时代"。

人机协同教育的基本原理是重建人机关系。"人+机器"意味着人工智能技术在教育领域的全面应用，这种融合式的教育需要重构教育活动中人和机器的关系。正如李开复先生所言："今天的人工智能技术正在彻底改变人类对机器行为的认知，重建人类与机器之间的相互协作关系。机器带给人类的不是失业，而是更大的自由与更加个性化的人生体验。未来是一个人类和机器共存、协作完成各类工作的全新时代。只有用开放的心态，创造性地迎接人工智能与人类协同工作的新境界，才能真正成为未来的主人。"

机器永远是人类的工具。李开复先生认为，"人工智能时代，学习或教育技术本身不是目的，我们真正的目的，是让每个人在技术的帮助下，获得最大的自由，体现最大的价值，并从中得到幸福。在这个时代，以人工智能为驱动的机器将大幅度提高人类的工作效率，但无论从哪个角度说，机器都只是人类的工具。"

在这里，我们要建设一种人机融洽的融合式教育，在技术应用方面，必须坚持"技术简便、省时省力、人机友好、优质高效"四个基本原则；在教育伦理方面，要坚持"促进教育公平、维护教育正义、不伤害儿童发展、不奴役儿童发展、解放教师和家长"等五条原则。比如，引入家校 APP，就不能天天给家长推送学生排名，搞得家长焦虑不堪，搞得教育越来越功利化。

教育的合作治理：从传统管理走向现代化治理

智能化时代教育的全域性日益凸现，参与教育的主体呈现多元化特征。在传统教育自上而下的科层制管理中，管理者和被管理者之间大多具有天然的对抗性，而未来的教育治理要遵循教育的和谐共生的原理，追求教育的多元化合作治理，包括社区、家长、教师、学生如何有效地参与学校教育的共治、共享、共建，等等。

传统学校在合作治理的改革趋势下，要走向"去行政化""去科层化"。一是要重构现代教育治理机制，从传统的科层管理走向扁平化管理。二是要重构现代教育治理的主体，从传统的单一行政管理走向多元合作治理。三是重构现代教育治理工具，从传统的单一行政治理走向多元化的专业治理。

中国教育的科学精神

一

现在，教育界都承认：教育是一个专业化的职业领域。 正因为如此，近年来人们大力倡导教师的专业化发展。 与此相适应，支持教师职业专业化的教育科学，无疑应该在教师的职业生涯中占有足够的比重，但事实却全然不是那么回事！ 教育界排斥教育科学，不相信教育科学，甚至否定教育科学的现象比比皆是。 这突出表现在以下两个方面：

一是不学习教育科学。 有不少老师认为，自己是教书的，又不想当专家，学教育科学有什么用？"我把书教好就行了，学那些玩意干吗！"这种观点与当年梁启超先生批判过的"只有理科、工科的人们才要科学，我不打算当工程师，不打算当理化教习，何必要科学？"何其相似！

二是不相信教育科学。 中国的教育历来有强调苦学的传统。 改革开放以来，伴随着升学竞争的日益加剧，通过延长学生的学习时间要成绩，要升学率，更成为教育界的"不二法门"。 为了制止这种倾向，引导大家向教育科学要质量，要效益，我在自己的"博客"上指出："从整体上说，我们的教育不会因为你一天让儿童学习12个小时，全社会的升学人数就会增加；也不会因为你让儿童按照国家规定的正常学习时间学习，全社会的升学人数就会减少。"不料对于我的这个观点，有人说："对于家长来说，我们只有一个孩子，全社会的孩子我们管不了的，正因为那升学的人数不会变，我们不学12个小时，就会有学12个小时的孩子顶上去了，对于社会来说你的孩子上学还是他的孩子上学都一样，人数不变，但对一个家庭来说却是全部。"看到这样的话，作为一个长期从事教育研究的工作者，我内心的痛楚无处言说。

中国教育缺乏教育科学意识的后果，直接导致了教育界不讲教育管理的规则，无限延长学生的校内外学习时间。 给学生带来的后果是什么？ 表面看来，是学生体质状况的下降，实质是学生自主学习、个性发展的空间被剥夺。

二

理性精神是科学精神的重要组成部分。 什么是理性精神的体现？ 凡事要讲道理，要讲事实，要讲根据。 可教育界多年来一直被功利主义的应试教育浪潮推动着被动地往前走。 官员们要升学率，教育局长、校长们要升学率，老师们要升学率，一个升学率与多少人的利益相关联？ 在这里，"升学率"已经离"科学"二字越来越远了。

我曾经在"博客"上这样写道："教育应该有自己的独立性，教育不应该跟在社会和家长的后面，教育不能屈从于社会和家长的压力，教育更不能迎合社会和家长的要求。"有的朋友说，对我的上述观点不敢苟同，认为这不是一线教师和校长能支撑住的。 引领是一回事，满足家长和社会需求是另一回事。得不到学校和家长的认可，就无法保证生源数量和质量，恶性循环就会成为必然。 环顾我们今天的教育，还有多少人没有被这种"升学主义"所俘虏？ 以至于在一些教育局长、校长眼里，不管这改革那改革，升不上学的改革都不是好改革。 在这种非理性思潮的弥漫下，"不让一个学生掉队"就成了"不让一个学生升不上学"，因为一个家庭就一个孩子，不能让孩子输在起跑线上啊！

今天，我们能不能把社会各方面津津乐道的"升学率"也放在科学的天平上去称称：教育，在这里，除了披着升学的外壳之外，对于学生的真正发展，对于国家和民族的未来到底意味着什么？

这种急功近利的学校教育只强调知识的堆积，频繁的考试泯灭了学生天性中原有的好奇精神，导致学生对学习的关注不是对知识的渴求，而是迫于升学的压力去学习。 他们无法从读书本身找到求知的乐趣。 爱因斯坦一再告诫说:"人们应该防止向青年人鼓吹那种以习俗意义上的成功作为人生的目标。"可我们今天的教育恰恰是在不断用这种目标诱导甚至逼迫学生读书。 这种急功近利的教育扼杀的不仅是学生的童年,更是学生的个性;不仅是学生的未来,更是国家和民族的未来!

三

教育既有社会决定的一面,也有超越社会的一面。 正因为如此,教育有自己的相对独立性,教育有推动自身进步而推动社会变革的一面。 正是基于这种意义,教育改革与发展有自己的主体性,有自己的内部变革机制,这就是教育界的自我创新精神。

但是,对于"教育有自己相对独立性"的观点,有人并不赞同,还引用著名教育社会学家涂尔干的(教育与社会学)观点说:"研究教育问题最容易犯的错误是混淆'应该是什么'和'事实是什么'两类命题,它把教育从时间和地点的条件中抽离出来,一开始就去问理想的教育是什么,却忽略了儿童实际接受的教育。 社会学探讨教育的视角是把教育当成一种社会事实,事实不是一块可以随意涂写的白板,而是一种无法随意创建、毁坏或更改的既存现实,人们能够做到的,只是学会理解教育体系,了解教育体系的性质及其赖以存在的条件。 每个社会都有一种能够在个人身上产生不可抗拒的影响的教育体系,它不是我们个人创造的,它是共同生活的产物,表达了共同生活的需要。

还有人认为:"天下的父母哪一个不希望自己的孩子快快乐乐地成长,可是社会的主导力量是学得好的才是好孩子,而且这个思想已经在中国大地上延续了几千年,根深而蒂固。 教育的独立性,很难,就像现在对教育的评价仍是学校考了几个重点,升学率是多少? 所以这个问题,既是我们每个家长的问题,也是教育界领导的问题,更是整个社会认知的问题!"

在某种意义上说,涂尔干的观点并没有错,但他是从社会学家探讨教育与社会关系的角度而言的,也就是说更多的是从教育受社会决定的视角来探讨问题的。 这种观点的局限性正在于,他没有看到教育的相对独立性。

否定教育的相对独立性,教育就成了社会的附庸,就从根本上否定了教育变革的内在动力,否定了人们对理想教育的追求。 把教育改革完全推向了社会,社会不变革,教育改革就无法进行。 教育只能在社会制约下发出无助、无奈的悲鸣和呻吟! 在这种声音主宰下,教育改革与发展的主体性、教育的创新精神到哪里寻找?

在科学精神如此贫瘠的教育土壤中,我们成天喊要培养学生的创新精神和实践能力,岂不是缘木求鱼?

用教育科学战胜教育愚昧

当今中国，在孩子们身上压着"三座大山"：超课时上课、超量作业和频繁考试。在这"三座大山"的"压迫"下，对于孩子们来说，本来充满快乐的学习与生活变得日益枯燥、日益无趣。更有甚者，教育直接成为扼杀众多花季少年的"凶手"，成为少年儿童成长与发展的异己力量！

延续和创造人类文明、促进人类进步和发展的教育，在中国这个具有数千年文明史并正大踏步地走向伟大复兴的国度里何以至此？我们可以从文化的、社会的、时代的、经济的、制度的背景里，找到各种各样的解释路径。但是，在这里，我只想从一个视角，就是教育有没有科学，要不要科学，尊不尊重科学？从这个角度讲，我认为，利津县北宋一中"零作业下的教学改革"具有重要的典型意义。

教育改革是需要勇气的。我曾经说过，要做敢于直面"真教育"的勇士。在我看米，北宋一中李志欣校长就是一位这样的"勇士"。

2007年3月，教了16年书的李志欣老师怀着对教育的百般温情与深刻敬畏，带着多年在教学生涯中生成的美好梦想，走上了北宋一中校长的岗位。 面对这所普通的九年一贯制农村学校，充满教育情怀的李校长该如何迈出他治校的第一步。 在学校观察和调研了一个月后，他毅然决然地做出了一个决定：拒绝教师在课后布置书面作业，必须提高课堂效率，当堂完成教学任务，课后留出时间让学生自主学习。 从此，拉开了北宋一中"零作业"的教学改革。 在"满堂灌""作业满天飞"的教育现实中，李校长的这一改革无疑是"石破天惊"之举。 改革面临的困难是可想而知的。 有的老师把学校通报在黑板上的作业检查情况擦掉，有的老师责问他成绩下降了怎么办？ 很多家长纷纷找他或给他打电话，学生没有作业学什么？ 几个中层干部经常跑到他的办公室质问他这样改革行吗？ 无疑，迎接改革面临的风险和挑战，是任何一个改革者都必须承担的。

教育改革是需要智慧的。 实施零作业下的教学改革，绝对不是下一道命令，不允许布置课后作业这么简单。 正如李校长所说："在经历了多年应试教育熏染后的教师们，加上当前教育的功利性心态和评价机制欠科学的生态环境里，他们固有的思维习惯和行为方式是很难一时改变的。"为了推进北宋一中的改革，李校长采取了一系列毅然决然的行动和措施，这充分体现了李校长推进教育改革的决心和智慧。

研发教学载体，构筑理想课堂。 实施课外"零作业改革"，不是学生课后不学习，而是让学生自主学习。 这里的关键有两个：一是高效的课堂教学，二是在教师指导下学生课外的自主学习。 这两者互为因果。 李校长是如何突破这两个难题的？"周目标导航""前置性自主学习模板""课堂合作学习模板"三大教学改革载体诞生了。 这就解决了课内学习与课外学习的有效链接问题，解决了书本学习与实践学习的衔接问题，解决课内高效教学的基础和课外学习的有效引领问题，在此基础上，才能推进高效课堂本身的研究和实践。 我想，北宋一中的这"三大教学改革载体"，对于山东省建设高效课堂具有普遍的借鉴和推广价值。

改造管理组织，重构管理文化。 "划小管理单位"，这是我在"2009 年山东素质教育论坛"上提出的一个主张。 只有划小管理单位，才能提高参与度，激活广大师生。 北宋一中采取以合作小组为基本单位，系统利用教育现场中动态因素之间的互动，促进学生的学习与活动，以团体的成绩和表现为评价标准，来共同达成教育目标。 每个学生单元小组，既是学习小组，又是实践小组、兴趣小组，小组的活动从课堂走向课下，走进村落。 每个教师单元小组，既是管理的团队，是教育研究的组织，也是自身专业成长的共同体，更是学生人生指导的生力军。 学生家长单元小组既是服务者，也是管理者和信息员。这种管理，不管是教师还是学生、甚至是家长，人人都是管理者，人人也都是被管理者。 北宋一中提出的学生单元小组、教师单元小组、家长单元小组的管理思想与实践是非常富有创意的。

拓展研究团队，实现成长梦想。 北宋一中由教师们自发组织的学习型组织有"教师志愿者成长共同体""校本课程开发共同体""课堂文化建设共同体"等，这些民间组织已逐步成为教师自主学习成长的主要研究阵地。 这一个个扎根于自身教育教学实践的带着农村教育改革的泥土芳香的"草根团队"，唤醒了农村教师们成长的梦想。 我认为，教育改革必须恢复教师职业的探索性、研究性特征，让教师成为教育的研究者、规律的发现者、事业的探索者，教育内在幸福的享受者。 唤醒教师们的学术归属意识、团队成长意识，实现教师们专业经验的分享与建构，建立类似于北宋一中的教师自愿互助学习型社区，对于促进教师的持续性专业发展具有重要意义。

运用校本评估，促进实践生成。 评估就是反思，凡是走过的路要回头经常看一看，这是非常必要的。 问题是，谁来评估，依据什么标准评估？ 这两个方面要进行认真的研究。 我想，要为学校建立师生人人参与讨论、认可的共同愿景，评估的目标就是这些愿景；评估的主体必须是多元的，有领导、有教师、有学生，更要有社会各界人士……北宋一中在开展学校校本评估方面进行了有益的积极探索。

教育改革是大有可为的。 "零作业""逼"得师生们开始改变博弈的方式，教师的博弈策略开始变"题海战术"为课堂的"有效教学"；学生的博弈方式开始变"低效劳动"为"高效学

258

习"。"零作业""逼"得师生们开始改变自己的生存方式，教师们开始思考自己的专业成长，开始读书、研究、反思、写作，寻求先进的教育思想和创新的教育艺术；学生们开始创建社团、开始自主规划和实施自己的学习，自由地呼吸教育的清新空气，追求生命里的生动活泼的成长……"零作业下的教学改革"使北宋一中这所名不见经传的农村学校开始在山东大地"声名鹊起"。这说明，改革创新是解放教育生产力的必由之路。

我在想，北宋一中的改革对山东省 20000 多所中小学未来所应走的道路具有什么样的启示？诚如李校长所言："北宋一中推行'零作业'改革的目的，是想让老师们重新思考和实践教育原本的东西。它以'零作业'的方式革了以'作业量'为标志的'题海战术'的命。这些变化，预示着我们的教师开始重新思考自己的教育哲学，预示着我们的教育正逐步走向科学的、符合规律的改革创新之路。"

教育是最需要科学的，而我们当下的教育又是最不讲科学的。"加班加点""时间加汗水""满堂灌""作业里熬"，什么"两眼一睁，开始竞争"，什么"大干 200 天，圆我大学梦"，什么"零抬头，无声音"、什么"周考、单元考、月考、段考"等，都是教育的反科学思维的生动体现。北宋一中改革的意义就在于为广大中小学校用教育科学战胜教育愚昧提供了一个鲜活的案例。

希望有更多的学校能拿起教育科学的利剑，勇敢地斩断从骨子里就反科学的套在校长、老师、学生心灵上的各种"枷锁"，坚定地走"规范办学、尊重规律、依靠科学、改革创新"的教育解放和自由发展之路！